JN116876

改訂版

メディア・リテラシー論

ソーシャルメディア時代のメディア教育

Media Education in the Social Media Age

Communication

Digital Native

中橋 雄
Yu Nakahashi

Information and Communication Technology

Theory of Media Literacy

北樹出版

まえがき

　メディア・リテラシーとは，メディアの意味と特性を理解した上で，受け手として情報を読み解き，送り手として情報を表現・発信するとともに，メディアのあり方を考え，行動していくことができる能力のことである。メディアと人間の密接かつ複雑な関わりを考えれば，メディアについて学び，「メディア・リテラシー」という能力を身に付けていく必要性があることに疑う余地はない。

　メディアは，私達の「現実」の認識，コミュニケーションのあり方，ライフスタイル，価値観などと強く関係している。メディアは人によって構成され，人の「現実」の認識はメディアによって構成される。それらが繰り返される循環的な構造が，メディアと人間の関係性を支配している。そして，メディアを介した人と人との関わりが社会を形成していく。メディアのあり方を考え行動していくことができる能力は，その社会を構成するすべての人に求められる。

　メディア・リテラシーに関する教育や研究は，これまでもグローバルに展開されており，着実に蓄積されてきた。しかし，現代社会におけるメディアと人間との関わりは，20世紀と現在ではまったく異なるものになってきている。近年，インターネット，とりわけソーシャルメディアの登場によってコミュニケーションのあり方が多様化している現代社会の状況に対応し，メディア・リテラシーの概念は拡張され，教育・研究の範囲も広がっている。現在，そして，未来の社会におけるメディアと人間の関わりがどうなっているか，そこで求められるメディア・リテラシーとは，どのようなものかということは，常に問い直していく必要がある。

　また，メディア・リテラシーをどう育むか，その方法論や社会的な支援体制についても検討していく必要がある。メディア・リテラシーは，教え込み型の教育方法では身に付かない。対話や探究における思考・判断・表現を通じて知の創造を促すために，他者との学び合いが生じるような学習者参加型の活動を通じて育む必要がある。学習者の主体性を育み，創造的な知を生み出す参加型

の学習を取り入れた教育方法，教材のあり方を検討する必要がある。

　以上のことを踏まえ，読者が次の3点を持続的に検討し続けることができるように，現代社会を生きる上で欠かすことのできない能力であるメディア・リテラシーについて，理論と実践の両面から記述することが，本書の目的である。

---

1. メディア・リテラシーの概念に関する理解を深めること。
2. 自身のメディア・リテラシーを高めること。
3. メディア・リテラシーを育むための方法を検討すること。

　本書は，主な読者層として「メディアに関する研究を専攻する大学生」と「メディア教育に携わる教師」を想定している。例えば，「メディア・リテラシー論」，「メディア・コミュニケーション論」，「メディア教育論」，「メディア表現論」，「メディア社会学」など，大学の講義科目のテキストとして活用できるだろう。

　その一方で，メディア・リテラシーは現代社会を生きる上で必要不可欠な能力であり，それを育む営みについて知ることは，社会を構成するすべての人に求められる。そのため，広くは大学生全般および一般の社会人が，現代社会を生きるための教養を身に付けるためにも本書が役立つことを期待している。

　なお，本書は，図書，学術論文，雑誌，口頭発表など，著者が各所で発表・刊行してきたものをもとに大幅に加筆・修正し，新しい内容を加えたものである。読者からの厳しいご指導を受けて，さらに歩みを進めていきたい。

　【改訂にあたって】

　本書は、2014年3月に初版が出版された。それ以来、人々のメディア環境・メディア接触の状況は変化している。また、初等・中等教育の現場においても、学習指導要領が改訂されたり、ＩＣＴ環境の整備も大幅に進められた。そうした変化に対応すべく、改訂を加えたものである。本書を改訂するにあたり、初版に引き続き、北樹出版の福田千晶さんに大変お世話になった。ここに深い感謝の気持ちを記したい。

2021年3月　　　　　　　　　　中橋　　雄

目　　　次

【改訂版】

メディア・リテラシー論

ソーシャルメディア時代のメディア教育

01

現代社会における
メディアと人間の関わり

1. 生活の中に存在するメディア

　ある社会人の1日を想像してみてほしい。

　朝起きて，スマートフォンでメールのチェックをする。新聞やテレビを通じてニュースを知り，それについて家族と語り合う。出勤中，街は看板やポスターに溢れ，様々なメッセージを訴えかけてくる。印刷されたものだけでなく，大型ディスプレイに表示された映像も目にする。電車に乗り，音楽プレーヤーで音楽を聴き，スマートフォンでSNSのチェック，読書，オンラインゲームなどを楽しむ。

　職場に着き仕事を開始する。取引先と電話，Fax，電子メールで連絡をとる。市場調査アンケートの結果に基づき，新商品の企画書やプレゼン資料を作る。商品を宣伝するためにCMやパンフレット，チラシ，インターネット上での広告展開なども検討する。

　昼休みになると，昼食をどこで食べるかインターネット上の口コミサイトを参考にする。スマートフォンは，そのまま地図を表示してレストランまでの道のりをナビゲートしてくれるだけでなく，店で提示すると特別にサービスを受けることができるクーポン券を表示してくれる。食事をカメラ機能で記録し，Twitterなどのつぶやきサイトで公開する。それを見た友人から即座にコメントが入り，その返事をする。

　午後，取引先への移動中，タクシーの中でラジオ放送を聴く。リスナーがあるエピソードを添えてリクエストした曲を，DJが独自のコメントを付けて流す。街は，クリスマスなどのイベントに合わせて色とりどりに演出されてい

て，季節を感じさせる。

　仕事を終え，帰宅途中にスーパーで買い物をする際，目を引くパッケージや POP広告が商品のおすすめポイントを教えてくれる。電光掲示板やデジタルサイネージを目にして旅行の計画を立てようと思い立ち，旅行会社でパンフレットをもらう。

　帰宅して食事をとった後，テレビでドラマや映画を鑑賞したり，スポーツ観戦をしたりする。家族と会話したり，友人と電話，メール，SNSなどで交流したりする。そして，風呂に入り就寝する。

　私たちの生活には数多くのメディアが存在している。果たして起きてから寝るまでの間にメディアに接触せずに過ごす時間は，どのくらいあるだろうか。図1-1は，博報堂DYメディアパートナーズ メディア環境研究所「メディア定点調査2020」における東京地区の結果のうち，テレビ，ラジオ，新聞，雑誌，パソコン，タブレット端末，携帯電話／スマートフォンに接している時間を性年代別に調べたものである。

　この調査から分かることは，調査対象となっているメディア（テレビ，ラジオ，新聞，雑誌，パソコン，タブレット端末，携帯電話／スマートフォン）だけに限定しても，人は非常に多くの生活時間をメディア接触に費やしているということである。調査対象者（東京15〜69歳・有効回答数646）は，1日あたり（週平均）411.7分メディアに接触している。最も多い20代男性では484.5分，最も少ない女性40代でも348.0分接触している。調査対象以外のメディアも含めれば，ほとんどの時間をメディアと接触して生活していると言っても過言ではない。それだけメディアを通じて得た情報が私たちの「現実」の認識として多く蓄積されているということであり，その影響力は計り知れないほど大きい。また，パソコン，タブレット端末，携帯電話／スマートフォンなどの利用時間の割合は大きく，受け手としてだけではなく，送り手としてメディアと関わる機会も少なくないと考えられる。

　もう一つ，この調査からわかることは，性別や年齢層によって，どのメディアにどの程度接しているかには，かなり大きな違いがあるということである。

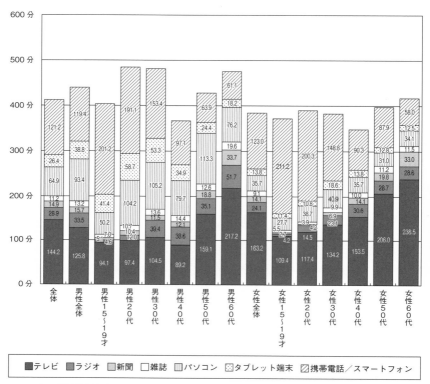

図1-1 性年代別メディア総接触時間（1日あたり・週平均）：東京地区

(博報堂 DY メディアパートナーズ メディア環境研究所「メディア定点調査 2020」)

※メディア総接触時間，各メディアの接触時間の合計値　各メディアの接触時間は不明を除く有効回答から算出
※2014年より「パソコンからのインターネット」を「パソコン」に，「携帯電話（スマートフォン含む）からのインターネット」を「携帯電話・スマートフォン」に表記を変更
※タブレット端末は，2014年より調査

例えば，テレビの接触時間で見ると，女性60代では238.5分，男性15～19才では94.1分と差が大きい。携帯電話／スマートフォンで見ると，女性15～19才では211.2分，女性60代では58.0分というように，差が大きい。他には，女性よりも男性の方が，パソコンやタブレットの利用時間が多いように見受けられる。こうした差が生じるのは，学生と社会人では生活時間が異なるなど，

属性ごとの環境や状況によるものかもしれないし，属性ごとに好むコンテンツやコミュニケーション行動が異なるからかもしれない。

　いずれにしても，人々は，それぞれに，多様なメディアと長時間接触し，それぞれに異なるメディアから情報を入手し，世の中のことを知ったり，価値観を形成したりしている。こうした認識や価値観の違いは，争いや混乱，人と人との分断を生じさせることもある。だからといって，人々のメディア接触を共通化するようなことはできない。属性によってメディア接触の状況が異なること，そこから異なる価値観が生じ得ることに対して，どのように向き合っていくのか考えることが重要である。多様性を認め，他者の立場に寄り添って物事を考え，争いや混乱を避ける方法を見出していく必要がある。

2. メディアと人間

　人は，社会的な営みを行う上で他者との関わりを避けて通ることはできない。社会は，人と人とが関わりコミュニケーションをとることによって形成される。そして，その関わりを媒介するもの，人と人との間にあるものがメディアである。言い換えるならば，人が社会的な営みを行う以上，必ずそこにはメディアが存在する。

　人は，メディアを介して，「現実」に対する多くの認識を獲得している。メディアが，人間のもつ「現実」の認識を構成しているのである。そして，そこで獲得しているメディアを媒介とした情報は，送り手の意図によって構成されたものである。その意図には，社会的・文化的・政治的・経済的な意図などが含まれる場合もある。メディアは人によって構成される。そして，人の「現実」の認識はメディアによって構成される。それらが繰り返される循環的な構造が，メディアと人間の関係性を支配しているのである。

　かつて，マクルーハン（1987）は，メディアは身体の「拡張」であると表現した。その「拡張」は，とどまるところを知らない。そして，彼の言うように，人間は自らの生み出したメディアによって自覚のないままに，社会を変え

ていくようでもある。

　現代社会におけるメディアは，それがないと生活していくことが不自由になるほど重要なものもある。また水や空気がそうであるのと同様に，通常はその存在のありがたみやそれが人間に与える影響を，意識することなく生活している。

　一方，水や空気が汚染されると人体にも悪い影響を与えるように，メディアのあり方によって人や社会に悪い影響を与えることもある。メディアとの接触を避けて通ることはできない上，大きな影響力があるならば，そのあり方を考え，行動していくことができる能力を身に付けていくことが必要である。さらに言えば，そのあり方を考え行動していくことができる能力は，その社会を構成するすべての人に求められる。誰かが水を汚せば，他の誰かに悪影響を与える。それを解決しようと思えば，その人達はどうして水を汚すのか，水を汚さないようにするにはどうしたらよいのか，対話していく中で社会的な意思決定をしていく必要がある。そのためには，少なくとも水とはどういうものかを皆が知っておく必要がある。メディアもまた然りである。

3. メディア・リテラシーの研究と教育

　このようなメディアと人間の密接かつ複雑な関わりが認識されるにつれて，メディアについて学び，「メディア・リテラシー」という能力を身に付けていく重要性が指摘されるようになってきた。

　メディア・リテラシーとは，メディアの意味と特性を理解した上で，受け手として情報を読み解き，送り手として情報を表現・発信するとともに，メディアのあり方を考え，行動していくことができる能力のことである。

　イギリス・カナダ・アメリカ，その他メディア・リテラシーに関心をもつ諸外国においては，盛んに研究が行われ，様々な取り組みが行われていることが報告されている（菅谷　2000）。わが国でも，研究レベルにおいてはメディア・リテラシー育成の系譜や概念に関する研究，学習モデルに関する研究，教育実

践の研究などが行われてきた。メディア・リテラシーに関連する学会での報告や出版物などの研究成果も，着実に蓄積されている。

　実践レベルにおいては，日本の学校教育現場でも，様々な場面でメディア・リテラシーを育むことにつながる教育実践が行われてきた。例えば，国語で学ぶ「言語」は，そもそもそのものがメディアだと言える。そして，「言語」は，物語文や説明文の学習だけでなく，新聞やパンフレット，ニュースや POP などを制作する学習活動によって，メディアの特性や慣習的な表現とともに学ばれる。社会科では，「メディア産業」や「世論の形成」に関わる学習の対象としてメディアについて学ぶ機会がある。「総合的な学習の時間」においては，コンピュータを課題解決のプロセスの中でコミュニケーションのツールとしても扱うことになる。また，中学校の技術・家庭科における「情報の技術」では，情報の表現，メディアの基本的な特徴，効果的な利用方法などについて学ぶ内容が含まれている。また，高等学校の情報科では，「情報やメディアの特性を踏まえ，情報と情報技術を活用して問題を発見・解決する方法を身に付けること」「メディアの特性とコミュニケーション手段の特徴について，その変遷も踏まえて科学的に理解すること」「多様なコミュニケーションの形態とメディアの特性に着目し，目的や状況に応じて情報デザインに配慮したコンテンツを制作すること」などの内容が含まれている。

　このように，現代社会を生きるための教育として，メディア・リテラシーを積極的に育成する必然性と，そのフィールドは存在している。しかし，2020年現在，学習指導要領において「メディア・リテラシー」という言葉そのものは使われていない。そのため，教師がどれだけメディア・リテラシーの育成を意識して取り組むかによって，学習者に育まれる能力には差が生じてしまう，という問題を抱えている。

4. 拡張するメディア・リテラシー

　メディア・リテラシーとその教育に関する研究は，古くから様々な研究者に

よって展開されてきた。例えば，メディア・リテラシー研究の先駆者であるイギリス人の研究者レン・マスターマンは，①メディアが遍在する社会（メディア社会）の現出，②意識産業としてのメディアの影響，③宣伝情報の増大による情報格差，④メディアの権力化によるデモクラシーの危機，⑤映像コミュニケーションの重要性，⑥メディア時代を生きる世代の教育，⑦メディアの私企業化とグローバル化による情報の商業化，という理由を取り上げて，メディア・リテラシーの必要性を主張している（Masterman 1985）。これらは，現在においてもなお，あてはまるものばかりである。

　しかし，その当時と比べるとメディア・コミュニケーションのあり方も大きく変化している。特に，近年，インターネット，デジタルカメラ，デジタルビデオカメラ，スマートフォンなどの普及は目覚ましく，それらを駆使した多様なコミュニケーションの機会が生まれている。

　一方では，「大手マスメディア企業対個人」というメディア・コミュニケーションの形態が保たれながらも，「市民メディア」と呼ばれる「団体対個人」や，特定の関心をもつ人が集うコミュニティにおける「個人対個人」の関係性，あるいは，面識のある「個人対個人」，面識のない「個人対個人」のメディアを介したコミュニケーションが日常的な生活の場面に浸透しつつある。例えば，人と人との関わりを広げやすくするソーシャルメディアの普及により，面識のない人と双方向に関わる機会は以前よりも増えているといえるだろう。

　このようなメディアと人間との関わり方，そして，それに影響を受けた人々のライフスタイルや価値観は，20世紀と現在ではまったく異なるものになってきているのである。

5. 現代社会に求められるメディア・リテラシー

　1990年代のメディア・リテラシー研究は，主に「マスメディア対個人」という関係性の中で，情報をクリティカル（批判的）に読み解く能力や映像視聴能力に関する研究が中心的課題であった。特に，日本では，誤報や捏造などマ

スメディアの不祥事が続いたことを問題意識として，メディア・リテラシーの重要性が説かれたことがあった。これは，「特別な権力をもつマスメディアが送り出す情報に騙されると不利益を被るため，メディア・リテラシーを高めなければならない」といった脅迫的な言説として広まった。

　その一方，「メディア・リテラシーが日本で取り沙汰されはじめたのは，マルチメディアなどの登場に刺激されて」という見方もある（市川　1997）。2001年に日本政府が打ち出したe-Japan戦略（首相官邸IT戦略本部　2001）では「世界は知識の相互連鎖的な進化により高度な付加価値が生み出される知識創発型社会に急速に移行していく」と考えられ，情報化が推進された。そして，その数年後には，個人がICT（Information and Communication Technology）を使いこなし，社会的システムの中で情報の収集・整理・発信を繰り返し，相互作用して新しい知を生み出していく社会は現実のものとなったと言えるだろう。そして今も世界的な規模で形を変えながら社会は発展し続けている。

　このように，現代社会に求められるメディア・リテラシーのルーツはひとつではない。1990年代，マスメディアと個人という関係性においてメディア・コミュニケーションを捉える研究が重視されてきたが，2000年代に入り，その限界も指摘されはじめた。例えば，山内（2003）は，「デジタル社会のリテラシーは，それを学ばないと情報社会で生きていけないという脅迫的な理由からではなく，デジタル社会をより深く理解し，新しい対話やコミュニケーションを生み出すために学んでいくものである」と主張している。

　マスメディアに関わるメディア・リテラシーの必要性が語られた脅迫的な言説に依拠するものだけでなく，新しい対話やコミュニケーションを生み出すことに関するメディア・リテラシーの研究も重要であろう。何よりそうした建設的な姿勢によって，知識創発型社会への移行は実現するのではないだろうか。

　そのため，教育のことを考えていく際も，メディア・リテラシーを複合的な力として検討していく必要がある。とりわけ，インターネットが普及した今日では，比較的容易に個人が情報を表現し，発信し，多様なコミュニケーションを生み出すことができる。さらに，近年では，ソーシャルメディアにおけるコ

ミュニケーションや AI 技術を活用したメディア・コミュニケーションも，普及し，浸透しつつある。「マスメディア対個人」という関係に目を向けるだけでなく，「個人対個人」,「集団対個人」,「集団対集団」など，複雑化するコミュニケーションのあり方や AI 技術などが及ぼす影響力も含めて考えていかなくては，メディア・リテラシー研究は，現代社会におけるメディア・コミュニケーションの実態に即したものにならない。

　つまり，個人が日常的なコミュニケーションツールとしてデジタルメディアを活用し情報発信ができる時代であれば，単に情報を読み解く能力としてだけではなく，表現能力やメディアのあり方を考え行動できる能力まで含めたメディア・リテラシーに焦点を当て，その育成方法を検討していくことが重要な研究課題だと言える。

6. メディア教育の教育方法

　レン・マスターマンが整理した「メディア・リテラシーの 18 の基本原則」の中では，メディア教育の意義と教育方法について触れられている。

「メディア・リテラシーの 18 の基本原則」（Masterman　1995）

1.　メディア・リテラシーは重要で意義のある取り組みである。その中心的課題は多くの人が力をつけ（empowerment），社会の民主主義的構造を強化することである。
2.　メディア・リテラシーの基本概念は，「構成され，コード化された表現」（representation）ということである。メディアは媒介する。メディアは現実を反映しているのではなく，再構成し，提示している。メディアはシンボルや記号のシステムである。この原則を理解せずにメディア・リテラシーの取り組みを始めることはできない。この理解からすべてが始まる。
3.　メディア・リテラシーは生涯を通した学習過程である。ゆえに，学ぶ者が

強い動機を獲得することがその主要な目的である。

4. メディア・リテラシーは単にクリティカルな知力を養うだけでなく，クリティカルな主体性を養うことを目的とする。

5. メディア・リテラシーは探究的である。特定の文化的価値を押し付けない。

6. メディア・リテラシーは今日的なトピックスを扱う。学ぶ者の生活状況に光を当てる。そうしながら「ここ」「今」を，歴史およびイデオロギーのより広範な問題の文脈でとらえる。

7. メディア・リテラシーの基本概念（キーコンセプト）は，分析のためのツールであって，学習内容そのものを示しているのではない。

8. メディア・リテラシーにおける学習内容は目的のための手段である。その目的は別の内容を開発することではなく，発展可能な分析ツールを開発することにある。

9. メディア・リテラシーの効果は次の2つの基準で評価できる。1）学ぶ者が新しい事態に対して，クリティカルな思考をどの程度適用できるか　2）学ぶ者が示す参与と動機の深さ

10. 理想的には，メディア・リテラシーの評価は学ぶ者の形成的，総括的な自己評価である。

11. メディア・リテラシーは内省および対話のための対象を提供することによって，教える者と教えられる者の関係を変える試みである。

12. メディア・リテラシーはその探究を討論によるのではなく，対話によって遂行する。

13. メディア・リテラシーの取り組みは，基本的に能動的で参加型である。参加することで，より開かれた民主主義的な教育の開発を促す。学ぶ者は自分の学習に責任を持ち，制御し，シラバスの作成に参加し，自らの学習に長期的視野を持つようになる。端的にいえば，メディア・リテラシーは新しいカリキュラムの導入であるとともに，新しい学び方の導入でもある。

14. メディア・リテラシーは互いに学びあうことを基本とする。グループを中心とする。個人は競争によって学ぶのではなく，グループ全体の洞察力とリソースによって学ぶことができる。

15. メディア・リテラシーは実践的批判と批判的実践からなる。文化的再生産

（reproduction）よりは，文化的批判を重視する。

16. メディア・リテラシーは包括的な過程である。理想的には学ぶ者，両親，メディアの専門家，教える者たちの新たな関係を築くものである。

17. メディア・リテラシーは絶えざる変化に深く結びついている。常に変わりつつある現実とともに進化しなければならない。

18. メディア・リテラシーを支えるのは，弁別的認識論（distinctive epistemology）である。既存の知識が単に教える者により伝えられたり，学ぶ者により「発見」されたりするのではない。それは始まりであり，目的ではない。メディア・リテラシーでは，既存の知識はクリティカルな探究と対話の対象であり，この探究と対話から学ぶ者や教える者によって新しい知識が能動的に創り出されるのである。

　これらの記述の中で何度も強調されているのは，メディア・リテラシーに関わる教育は，「教え込み型の教育方法では身に付かない」ということである。対話や探究における思考や判断を通じて知の創造を促すために，他者との学び合いが生じるような学習者参加型の活動を通じて育む必要があると主張されている。この中には，具体的に実践における内容の取り扱いについては触れられていないが，学習の対象が「メディア」あるいは「メディアの特性」だとして，「メディアの特性にはこのようなことがある」という知識を教え込むだけでは，活きて働く力にならないということであろう。

　先にも述べた通り，マスターマンの時代に求められたメディア・リテラシーは，多大な影響力をもったマスメディア（あるいはその裏で結び付いている権力）と市民が対峙する関係性の中で，市民が身に付けるべき力として捉えられている。そのため，マスメディアの構造や情報に介在する送り手の意図を理解した上で批判的に判断して受容することが，民主主義の社会において重要になるということに主眼が置かれている。

　現代社会において求められるメディア・リテラシーは，マスターマンの時代よりも研究・教育の範囲を広げている。しかし，現代社会におけるメディア教

育においても，学習者の主体性を育み，創造的な知を生み出す参加型の学習を取り入れた教育方法は重視されている。

　こうしたことを参考に，わが国なりの状況や時代の流れに即した研究や実践を継続的に行っていくことが重要である。今現在の社会におけるメディアと人間の関わりがどうなっているか，そこで求められているメディア・リテラシーとは，どのようなものかということを常に問い直していく必要がある。

02

メディア・リテラシーとは何か

1. メディア・リテラシーとは

　まず，メディア・リテラシーという言葉がどのように定義されてきたのか，ある程度の一般的な了解を得ておきたい。一般に，メディア（media）は「媒体・媒介」のことで，リテラシー（literacy）とは「文字を読み書きする力」のことである。そして，メディア・リテラシーは「メディアを読み書きする能力」として比喩的に表現された用語である（水越　1999）。まず考えなくてはならないのが，その抽象的な用語がもっている意味の幅である。

　言葉の意味は，ある社会に属する人と人との間で生まれ，徐々に浸透していく。そして，ひとつの言葉であっても社会的な文脈によって多様な意味をもち得るし，その文脈に応じた解釈をすることになる。メディア・リテラシー（Media Literacy）という能力の必要性は様々な立場のもとで語られてきたため，やはり様々な意味をもち得る言葉だと言える。

　学校教育現場においては，メディア・リテラシーという能力を育むためにメディア教育（Media Education）の実践と研究が行われてきた。また，社会教育の立場でも語られてきたし，マスメディアの側がメディア・リテラシーに注目して，教育プログラムを提供するということもあった。ただし，その目的や方法は共通ではなく，言葉の意味にも，共通点と相違点が見られる。国によっても，時代によっても，その捉え方は異なるし，ひとつの国においてさえ全国共通のものとして定められているわけではない。重要性を認識している教師や研究者，メディアを担う人々によって試行的に実践と研究の蓄積が行われ，そこでメディア・リテラシーという言葉が使われてきた歴史がある。

　例えば，2020年現在でも，いまだに学習指導要領ではメディア・リテラシ

ーという言葉が使われていない。しかし，文部科学省の検定を受けた社会科，情報科，国語科など，初等中等教育の教科書のうち，いくつかにはこの言葉が使われている。また，例えば，パンフレット，新聞，ポスター，ビデオなど，メディアを制作する活動例が教科書や指導書の中で示されている。そうした学習活動を通じてメディアの特性について学び，メディア・リテラシーを育むメディア教育を実現している事例もある。

　このように，数年前と比べて一般市民に認知される言葉になってきたものの，教科によって強調点が異なることがある。メディア・リテラシーとは，どのような意味をもつ言葉なのか。なぜ学ぶ必要があるのか。教育とどのような関わりがあるのか。そのことを考えるために，まず「メディア」という言葉と「リテラシー」という言葉がもつ意味に関しての深い理解が求められる。

■▼□ 2. 多義的な「メディア」の定義 □▼■

　英語のメディア（media）は，メディウム（medium）の複数形であり，辞書などでは，「（伝達・通信・表現などの）手段，媒体，機関」，「媒介物，媒質，媒体」，「中位，中間，中庸」，「中間物」などといった言葉で説明されている。これだけみても，この言葉が使われる文脈に応じて意味を変え得る多義的な言葉だということがわかる。

　社会は，人と人との「関わり」によって生まれるが，その「関わり」を媒介しているのが，メディアである。ではこの「関わり」を媒介している「間に入る」ものは，どのようなものを指すのか。

　水野（1998）は，私たちがメディアという言葉を使う時に指し示すものを次のように整理するとともに，こうした要素が組み合わさって機能するひとつのシステムとして「メディア」を捉える重要性を指摘している。

①何らかの「情報」を創出・加工し，送出する「発信者」。

②直接的に受け手が操作したり，取り扱ったりする「（情報）装置」。

③そのような情報装置において利用される利用技術や情報内容，つまりソフト。

④情報「発信者」と端末「装置」あるいは利用者（受け手）とを結ぶ「インフラストラクチャー（社会基盤）」もしくはそれに準ずる「流通経路」。

　1つ目の「発信者」は，情報を媒介する「人」をメディアの一部として捉えたものである。例えば，新聞記者，テレビディレクター，アナウンサー，カメラマンなど，マスコミに携わる人は，社会的な役割・身分として「メディア」と呼ばれることがある。テレビ番組ひとつとっても複数の人が協力をして制作されていることがわかるように，情報を媒介する「送り手」は必ずしも1人でない。

　2つ目の「装置」は，情報を媒介する「もの」をメディアの一部として捉えている。例えば，ラジオ機器，テレビ受像機，パソコン，ケータイ，書籍や紙などを「メディア」と呼ぶことがある。こうした，装置としてのメディアは技術開発やその実装を経て，テレビであればモノクロからカラーへ，アナログからデジタルへといった進化を遂げている。

　3つ目の「情報内容」は，送り手の意図によって構成された「メッセージ」をメディアの一部として捉えている。例えば，ニュース番組，ドキュメンタリー，ドラマ，コマーシャルなどを「メディア」と呼ぶことがある。情報内容（コンテンツ）は，伝える相手や目的を意識して構成された制作物である。

　4つ目の「インフラストラクチャー」とは，技術的・社会的に取り決められた「仕組み」をメディアの一部として捉えている。例えば，郵便，放送，通信といった情報網を「メディア」と呼ぶことがある。情報網は，人間が作り上げてきた技術や制度に基づき運用されている。

　このように，「メディア」という用語は，それが指し示すものや，その用語が用いられる文脈によって意味を変える多義的なものである。そして，日常会話の中で個々の要素を指して「メディア」と呼ぶことはあるが，それはあくま

でもメディアを構成する要素でしかないことがわかる。これらの要素が組み合わさり，送り手と受け手の間を媒（なかだち）するひとつのシステムとして機能するものを「メディア」として捉える必要がある。

　例えば，「テレビ」というメディアについて考えてみよう。「テレビ」と聞くと多くの人が「受像機」をイメージするのではないだろうか。しかし，受像機だけでは送り手と受け手の間で情報を媒介することはないため，メディアとしては機能しない。もちろん，受像機やビデオカメラなどのハードウェアも，情報を媒介するメディアの一部に含まれる。しかし，それだけでなく，これらの機器を用いて視聴する番組の内容（コンテンツ）もメディアに含まれる。また，音声や映像は，アナウンサー，記者，カメラマンなどによって伝えられているので，そうした役割をもつ「人」もメディアに含まれる。さらに，電波やケーブルを通じて送受信するという仕組みや，運用ルールのような取り決めといった社会基盤（インフラストラクチャー）もメディアに含まれる。

　このように考えてみても，「メディアとは，出来事や考えを伝えるために送り手と受け手の中間にあって作用するすべてのもの」という幅広い概念として捉えておく必要があることがわかる。

3. メディアの記号化（Encoding）と解読（Decoding）

　図2-1のイメージは，メディアが，送り手と受け手との間に入って作用し，情報を伝える媒体・媒介であることを示している。

　メディアは，送り手が見たこと，知っていること，考えついたことなどについて，メディアごとの形式に従って記号化され生み出される。受け手はそれを解読し読解・解釈して受容する。送り手と受け手は逆になることもあれば，メディ

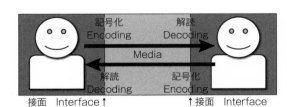

図2-1　メディアのイメージ

アによっては双方向で持続的なやりとりをすることもある。

　図2-2は，メディアを介した記号化と解読には，情報処理における「情報の記号化・解読」と，「意味の記号化・解読」という2つの側面があることを示している。例えば，コアラの画像をインターネット経由で別のコンピュータに送るとした場合，画像は，ある記号の体系に基づき，0と1の2値で示すデジタル信号に記号化され，電気信号としてネットワーク網を通り抜ける。そして，受け手側のコンピュータでその連続した2値を解読して再現する。このことにより，表示されるディスプレイによって見え方が若干異なることはあるが，画像データ自体は基本的に寸分たがわぬ形で再現される。

　一方，これが意味の記号化・解読の話となると，そううまくはいかない。なぜなら送り手が思ったように受け手は受け取ってくれない可能性があるからだ。例えば，誰かが日本語で話したことを理解できるとするならば，それは日本語の言語体系を習得しているからだと考えることができる。しかし，日本語の一般的な言語体系を習得していたとしても，互いの社会的・文化的な背景などがわからなければ，意思の疎通はうまくいかないだろう。言語とともに，社会的・文化的な背景，価値観，既有の知識なども含め同じ記号体系をもっている時に，そこで編集・構成されたものを解読し，読解・解釈できるのである。

　すでにもっている知識や思想，そのメディアに接した時の文脈の違いなどが作用するので，送り手と受け手の間で，「伝えたいこと」と「伝わったこと」が全く同じになることは，ほとんどないだろう。言い換えれば，社会的・文化的背景に基づく記号体系は，一定程度共通したものをもち得たとしても，完全に一致することはあり得ない。そうしたことによって常に誤解や混乱が生じる可能性を孕んでいることが，社会的なコミュニケーションの特徴であるともいえる。

　このように，メディアとは，社会的・文化的文脈に従い，送り手によって構成され，受け手によって読み解かれるものである。これは，文章であれば，自分の言わんとすることが「書くこと」，相手の言わんとすることが「読むこと」に相当する。それが，メディアを介した社会的なコミュニケーションを図るた

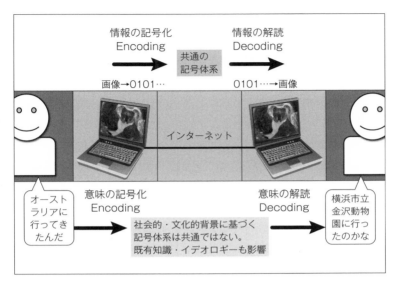

図2-2　記号化と解読

めに「リテラシー」が必要とされる理由である。

4.　変遷する「リテラシー」の定義

　次に，リテラシー（literacy）という言葉の意味について検討していく。一般的にリテラシーは，「文字を読み書きする力」「識字能力」と捉えられている。文字を読み書きできないことを意味するイリテラシー（illiteracy）という言葉と対をなすものであり，リテラシーがないと社会生活で不利益を被ることになるような，最低限の能力という捉え方をされることがある。しかし，歴史的変遷の中で，その考え方も幅のあるものになってきている。

　1945年に国際連合が組織されて以来，ユネスコ（国連教育科学文化機関）は，国際社会におけるリテラシーの概念を提唱する主導的な役割を果たしてきた。教育統計の目的で使用されているリテラシーの定義は1978年のユネスコ総会で採択された。「リテラシー：日常生活に関する簡単かつ短い文章を理解しな

がら読みかつ書くことの両方ができること」という基礎的なものに加え，「機能的リテラシー：そのものが属する集団及び社会が効果的に機能するため並びに自己の及び自己の属する社会の開発のために読み書き及び計算をしつづけることができるために読み書き能力が必要とされるすべての活動に従事することができること」までも含めて捉えられてきている（中山　1993）。

　つまり，「リテラシー」とは，単なる識字能力だけを意味するのではなく，能動的に社会に関わり課題を解決して社会を開発していけるだけのコミュニケーション能力まで含むということである。そのため，リテラシーは，「識字」「読み書きができること」などだけでなく，「計算ができる，コンピュータを使えること」までを含めて言うことが多くなった。そうなると，メディアに関わるリテラシーも，属する社会の中で不利益を被らないように生きていく力，さらには，社会に貢献できる力として捉えることができるだろう。

5.「メディア・リテラシー」の定義

　このように「メディア」と「リテラシー」という用語は，どちらも解釈の幅をもった多義的な用語の組み合わせで成り立っている。そのため，その２つの用語の組み合わせで成り立っている「メディア・リテラシー」という言葉も，使われる文脈に応じて意味を変える多義的な言葉である。よって，メディア・リテラシーについての議論を行う際には，状況に応じて「誰のための，何のための，どのようなメディア・リテラシーなのか」という文脈を絶えず確認し，意味を共通認識する必要がある。そこで，メディア・リテラシーに関する理解を深めることができるよう，これまでに研究者などによって示されてきたメディア・リテラシーの定義について例を挙げる。

　まず，鈴木（1997）は，「メディア・リテラシーとは，市民がメディアを社会的文脈でクリティカルに分析し，評価し，メディアにアクセスし，多様な形態でコミュニケーションを創り出す力を指す。また，そのような力の獲得を目指す取り組みもメディア・リテラシーという」とメディア・リテラシーを定義し

ている。カナダの市民組織「メディア・リテラシー協会（Association for Media Literacy＝AML）」の定義と，アメリカで 1992 年に開催された「メディア・リテラシー運動全米指導者会議」でまとめられた定義を踏まえたものであるというこの定義は，メディアの分析，評価に力点がある。主にマスメディアに対する受け手としての市民に求められる能力を想定した表現だといえよう。

　次に，水越 (1999) は，「メディア・リテラシーとは，人間がメディアに媒介された情報を構成されたものとして批判的に受容し，解釈すると同時に，自らの思想や意見，感じていることなどをメディアによって構成的に表現し，コミュニケーションの回路を生み出していくという，複合的な能力である」と，表現能力を重視することまで含めて定義している。これは，「①マスメディア批判の理論と実践」「②学校教育の理論と実践」「③情報産業による生産・消費のメカニズム」の３つの歴史的な系譜を踏まえた定義だとされている。

　さらに，こうした日本の代表的な研究者の定義の共通点と相違点を踏まえ，中橋 (2013) は，「(1) メディアの意味と特性を理解した上で，(2) 受け手として情報を読み解き，(3) 送り手として情報を表現・発信するとともに，(4) メディアのあり方を考え，行動していくことができる能力」のことであると再定義している。これは，課題を解決して社会を開発することに貢献できる社会的コミュニケーション能力の要素を重視している定義といえる。ここでのメディア・リテラシーとは，マスメディアとしての大手企業が従事しているマスコミュニケーションのみを対象とした能力だけを指すものではない。手紙や電話のように相手が特定されたパーソナルコミュニケーション，さらには，インターネットのように不特定多数の人と関係性を築くことができるネットワーク型のコミュニケーションも含む。

　このように，時代や立場によって，求められるメディア・リテラシーの捉え方，力点の置かれ方は異なるといえる。それだけに，「誰のための・何のための・どのようなメディア・リテラシーなのか」を絶えず確認し，その意味するところを共通認識する必要がある。

　山内 (2003) は，デジタル社会において必要不可欠な素養として主張されて

いるリテラシーには，「情報」「メディア」「技術」に関する3つの流れがある
としている。そして，その重点の置き方が異なる3つのリテラシーが，どのよ
うに関係しているのか図2-3のように整理している。

　情報リテラシーは，人間が情報を処理したり利用したりするプロセスに注目
し，情報を探すこと・活用すること・発信することに関するスキルを身に付け
ることをねらいにしている。メディア・リテラシーは，人間がメディアを使っ
てコミュニケーションする営みを考察し，メディアに関わる諸要因（文化・社
会・経済）とメディア上で構成される意味の関係を問題にしている。技術リテ
ラシーは，情報やメディアを支える技術に注目し，その操作および背景にある
技術的な仕組みを理解することを重視している。

　このような枠組みにおいても，時代背景に応じてそれぞれの研究や学習内容
は，その対象範囲を広げているため，それぞれの重なり合う領域は大きくなっ
てきていると考えることができる。

　こうした枠組みにおける関係も踏まえた上で，メディア・リテラシーの概念
を把握する必要がある。また，こうした枠組の転換は時代背景によって求め

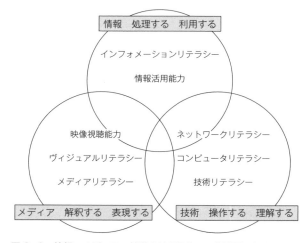

図2-3　情報・メディア・技術のリテラシーの相関図　（山内　2003）

　Chapter02　メディア・リテラシーとは何か

られるものであることから，これまでの多様な蓄積に学びつつ，状況に応じて，「今，求められるメディア・リテラシーとは何か」と問い直すことが重要である。

6. 新しいメディアの登場とメディア・リテラシー

　かつて，メディア・リテラシー研究に限らず，メディア論においてもマスメディアを対象とした研究が行われることは多かった。それは，近代以降，マスメディアがはたしてきた役割や社会的な影響力の大きさを考えれば当然のことかもしれない。しかし，メディア研究においても「新たなメディアの登場と，そのことによる従来メディアの質的転換を考えるならば，メディアについての概念と研究領域を捉え直すべきである」という考え方も出てきた（竹内・児島・橋元　1998）。

　特に，パソコン，インターネット，デジタルカメラ・ビデオカメラ，スマートフォンなどの普及が急速に進み，人間の日常的なメディア利用やコミュニケーションに影響を及ぼしている。そして，これからも私たちのメディア環境は変化し続けていく。マスメディアに関する研究の重要性は依然として大きなものであることに変わりはないが，こうしたメディア環境の変化は無視できるものではなくなった。

　これは，メディア・リテラシーに関する研究についても同様のことが言える。ビジュアルに訴えかける双方向のコミュニケーションが一般化していくこの社会では，それに対応したメディア・リテラシーにも焦点が当てられて然るべきである。ユーザーがコンテンツを生成し，ネットワーク化された「場」で相互に交流する現代社会，その社会がどのように形成されていくかは，そこに参画する人々のメディア・リテラシーの質による，といえる。

　例えば，インターネット社会のあり方もそこに参画する人々によって形成されてきたと見ることができる。インターネットが一般家庭に普及しはじめた頃，ストーカー被害などにつながる可能性があるため，「顔写真なども含め，

個人情報を公開しない方がよい」という価値観が支配的であった。しかし，実名・顔写真の公開が基本となる Facebook が 2004 年以降急速にアメリカで普及し，日本に流入してくると，そうした価値観は揺らぐこととなる。これは単なるサービス・機能の流入というよりも，それを使ってみてそれほど問題が生じないから使う，あるいはデメリットを上回るメリットを優先させて使うという価値観・文化の流入と捉えることができる。その後も公開範囲の設定など，個人情報の公開に慎重ではあるべきだが，まさに，メディアの特性を知り，そのあり方を考えて行動した人々によって社会が形成されていくことを実感できる事象である。

　このことに関連する実践事例を紹介する。北区立豊川小学校では，国語と総合的な学習の時間を組み合わせた全 13 時間の単元「1 年生に学校のルールを教えるための番組を作ろう」という実践が行われた（実践者：佐藤和紀教諭）。

　学習者はグループで話し合いながら，自分たちの番組の構成を考え，台本を練り上げた。実際の撮影・編集・ナレーションの録音をする際には，グループに 1 台カメラ付きのタブレット端末を活用した（図 2-4）。

　通常のビデオカメラと比較してカメラ性能では劣るものの，タブレット端末の画面はグループで映像を確認しやすく，話し合いながら試行錯誤する学習活動に適している（図 2-5）。また，撮影したものを編集用の PC に取り込む必要がなく，そのまま編集できる点など，操作性も優れている。そのため，映像制作の経験がない小学生でも作品を容易に完成させることができたという。

　この実践の興味深いところは，一度作成した映像に対して，もしそれを Youtube などの動画共有サイトに公開するとするなら，どう撮影し直すかと

図 2-4　タブレット端末による撮影

いうことについて考える学習を行
ったことである。誰でも見ること
ができる動画共有サイトに対し
て，むやみに個人情報を出しては
いけないという理解は共有されて
いる。その上で，リスクがあるの
でそもそも公開すべきではないと
いう考えから，顔を出すくらいで
は問題にはならないという考え，
あるいは目の部分を隠して個人が

図2-5　グループでの確認

特定されないように工夫すればよいなど，様々な考え方が出された。

　このような問いに対する答えは属する社会における文化や価値観，あるいは
制度の問題も関係してくるかもしれないが，何かが絶対の正解だと言い切るこ
とはできない。メディアのあり方を作っていくのは，人と人との対話であり，
関係性だからだ。そうだとするならば，メディア・リテラシーに関する教育
は，人としてメディアのあり方について持続的に考え，話し合い，行動してい
く力を鍛えることこそが重要だと言えるだろう。

03

メディアの何を学ぶのか

1. メディアと「現実」

　日本に暮らしている社会人であれば，「現在の内閣総理大臣」の写真を見て，その人の名前，政策に関わる方針，印象，支持するかしないかなどについて，一定程度回答できることだろう。実際にその人に会ったことがなくても答えることができるのは，メディアを通じて知っているからである。もし名前がわからなければ，「常識がない」とまで言われてしまうほどに，その人の存在は「現実」のこととして認識されている。SFのような話ではあるが，もし瓜二つの影武者が入れ替わっていたとしても，メディアが内閣総理大臣として取り上げれば，それに気付くことは容易ではないだろう。

　では，「織田信長の肖像画」を見た場合は，どうだろうか。これについても，名前，何をした人か，好きか嫌いか，それはなぜかといったことを問われたら答えることができるだろう。なぜなら，多くの日本人は，義務教育段階の歴史教科書で織田信長の肖像画を目にしている。そして，織田信長が，「戦国時代の武将であったこと」「長篠の戦いで火縄銃を使ったこと」「本能寺の変で命を落としたこと」など歴史的な出来事も学習している。この場合も，それらを知らないと「常識がない」と言われかねない。また，様々に伝えられるエピソードや歴史を描いたドラマで俳優が織田信長の役を演じれば，その行動や発言の印象が，織田信長の印象を左右することもある。私達は，会ったことがなく，その存在自体もメディアの記録を通じてしか知り得ない人の名前や性格を知っていて，本当にあった出来事かどうかもわからないのに，それを現実にあった出来事として認識しているのである。

　では，図3-1の絵に描かれた木を見たことはあるだろうか。どこにある，何

という名前の木だろうか？これについては，知っている人と知らない人がいるかもしれない。そして，知っている人の中には「気になる木」と答える人が一定程度いることも予想できる。「この木なんの木，気になる木」という歌詞の歌を思い出し，歌うことができる人も少なくない。そう，これは，印象に残るコマーシ

図3-1　どこにある，何という名前の木か？

ャルソングとともに，ある家電メーカーの CM に登場してきた木である。このコマーシャルソングが使われはじめたのは 1973 年，そして，それとあわせて木の映像が使われたのは 1975 年である。それ以来，似たような形式で何回も作り替えられ，継続的に放送されてきた。そのため，幅広い世代に認知されている CM のひとつである。ちなみに，この木はハワイにあり，そこでの名称は「気になる木」ではなく「モンキーポッド」である。日本人には，そちらの名称はあまり馴染みがない。日本に暮らしていて，その CM を見たことがある人同士であれば，「ああ，あの気になる木か」と理解できる。そして，実際にハワイでその木を見たことがなかったとしても，その存在を疑うことはない。しかも，「モンキーポッド」ではなく，「気になる木」として記憶しているのである。

　以上のように，私達が会ったこともない内閣総理大臣や歴史上の人物，あるいは，行ったことのない海外のことを知っているのは，メディアから知識を獲得しているからである。現実のものとしてそれが存在している，あるいは，存在していた，ということを認識している。一般常識として考えていることですら，メディアから知り得たことがほとんどであろう。もしメディアが活かされなければ，人間が一生のうちに知り得る出来事は，ごく限られたものになるだろう。

　私たちは，メディアを通じて様々な出来事を知ることができる。逆にメディ

アが伝えなかった出来事を知ることはできない。メディアが伝えなかった出来事や，伝えていても受け手がその内容に接触しなかった場合，私達にとって，その出来事は「なかったこと」と同じである。逆に，メディアを通じて知った出来事は，実際現場に行って自分の目で見なくても当然のように「あったこと」として受け入れ，「現実」のこととして認識する。私達の「現実」の認識は，メディアによって構成されているのである。

　それだけに，メディア・リテラシーの研究者であるマスターマンが指摘しているように「メディアは能動的に読み解かれるべき，象徴的システムであり，外在的な現実の，確実で自明な反映なのではない」ということを理解しておく必要がある（Masterman　1985）。

2. 送り手と受け手が作る「現実」

　報道番組で現地の映像が映れば，私達は，それを現実に起こった出来事として自分で見て知ったことのように受け入れがちである。そこでは，伝えられている内容の方に関心をもつことが多く，伝えている人の意図を意識することはあまりない。伝えている人に関心をもつことがあるとするなら画面で目にするキャスターの容姿くらいのものであろう。

　しかし，テレビであれば，ディレクター，カメラマン，照明，音声，美術，編集スタッフや，それらを統括するプロデューサーなど，多くの人間が関わっている。そして，その多くの送り手がそれぞれにもっている意図によってメディアは構成されており，受け手が得ることができるのは，送り手の解釈や取捨選択といったフィルターを通して伝えられた出来事の一面でしかない。伝えられている内容は目に見えるが，伝えている人や意図は目に見えないことが多い。

　例えば，ニュース番組で伝えられるニュースのラインナップは，世の中で起こっている出来事のうち，ごく限られたものでしかなく，意図的に取捨選択されたものである。「ニュースバリュー」という言葉が使われることがあるが，

その出来事を放送する価値があるか，その判断は送り手に委ねられている。また，ニュースを伝える順番も送り手が重要と判断したこと，あるいは，多くの受け手が知りたいと思っていると予想されることを送り手の判断で優先させている。

　そもそも，ニュース番組を制作する送り手は，いつどこに何を取材に行くかを，取材に行く前に選択している。そして，何をどのように撮影するか，何を撮影し逃さないようにするか選択する。また，どういうインタビューをするか質問を事前に選択する。つまり，たまたま出くわした出来事を記録して報じていることは稀であり，はじめから報じたい出来事は決まっていることの方が多い。そして，それを何とか映像に収めようと努力しているのである。また，編集段階では，取材してきた映像からどれを使うか選択する。音響や映像の効果，ナレーション，これらも吟味されて組み合わされる。素材は同じであっても，楽しい話題として伝えることもできるし，悲しい話題として伝えることもできる。出来事がどのような意味をもつものとして伝えられるかは，送り手の意図によって決められている。そうしてできたVTRのうち，放送時間に入りきらないものは，お蔵入りすることもある。ニュース番組は，選択に次ぐ選択の結果，構成され，伝えられるものなのである。

　このように考えると，メディアは送り手が好き勝手に作っている情報を伝達しているようにも思えてくるが，その構造はもう少し複雑である。ブーアスティンは，代表的な著書『幻影の時代』の中で，「擬似イベント」という概念を提出している（Boorstin 1962）。メディア社会の進展に伴い，人々は素朴な現実ではなく意外性のある出来事とその報道を求めるようになる。そうした受け手の欲求を満たすために，送り手は素朴な現実世界の出来事をただ伝えるのではなく，視聴者が見たいと思うような魅力的な「現実」を選び，魅力的に感じられる方法で伝えるようになる。その結果として，素朴な現実よりも魅力的に伝えられたイメージの方が優位となり人々を魅了する。「擬似イベント」とは，受け手のニーズによって魅力的に報道された出来事のことを意味し，具体的にはメディアによって報じられる出来事・ニュースのことを指すと言える。この

ように，送り手と受け手の関係性の中でメディアが生成されるということは，メディアの特性のひとつなのである。

3. フィクションとノンフィクション

　メディアが伝える内容には，事実に即して作られるノンフィクションと架空の物語であるフィクションがある。

　ドキュメンタリーや紀行などといったノンフィクションは，実在する人物や場所が登場するが，伝えられる情報は事実をありのままに伝えたものといえるのだろうか。ある大学生が，ドキュメンタリー番組を制作する授業を受講していた時，制作経験を積むほどに「もっとこう演出するとこの人のよさを伝えることができ，視聴者にも楽しんでもらうことができるのではないか？」という想いが出てきたと語ってくれた。それと同時に，そうした演出や作り込みをしてよいものか葛藤があったという。それまで「事実をありのままに伝える」ものがドキュメンタリーと考えてきたこともあり，都合のよい情報を選び出すということに抵抗感を覚えたのである。

　その後，この学生は，菅谷（2000）の著書である『メディア・リテラシー』を読み「メディアとは，送り手（自分）のフィルターを通して情報が伝えられるもの」と書かれているのを読んで「腑に落ちた」という。悪意をもった捏造は許されないが，どんなメディアでも送り手が意図をもって一面を切り取ることでしか存在し得ないのである。メディアは，当たり前のように身の周りに存在しているため，それがどんな特性をもったものであるかということを改めて考える機会は少ない。メディアを制作した経験と，本で読んだ知を結び付けて，よくも悪くも「メディアとは，あるいは，ノンフィクションとはそういうものだ」ということを知ることができた事例である。

　一方，フィクションは，アニメーションやドラマなど作り物の世界を描いたものである。人は「作り物だから事実ではない」と認識した上で，それらを楽しんでいる。だが，事実でないと認識しているからといって，その内容が「現

実」の認識を構成しないとは限らない。例えば，送り手の意図によって構成された登場人物の振る舞いや考え方，職業などの社会的な役割，人間関係や世界観は，少なからず人間の価値観の形成，つまり，「現実」の認識に影響を与える。メディアは，人の社会的な役割，正義か悪かの判断基準，性別や職業，家族の中での振る舞いや規範，美的感覚，常識と非常識の境界など，様々なことを受け手に伝える。もちろん，すべてが鵜呑みにされるわけではなく，意識的・無意識的に受け手が選択的に接触し受容する。そして，受け手が既にもっている価値観を強化したり，新しいものの考え方を獲得したりすることによって，日常生活の価値判断にその枠組みが使われることもある。

このことは，必ずしも悪いことばかりではない。ある社会において，一定程度共通する文化的な価値を共有することによって，人は関係性を築きやすくもなる。人は，文学作品を通じて日常生活にも活かされる感受性や想像力や道徳などを身に付けることもしてきた。考えを構成することによって，知を伝達し，その蓄積を活かして人類は発展してきたと見ることもできる。しかし，時として偏った考え方が強調されることによって，差別や偏見が生まれる危険性もある。そのため，フィクションが人の価値観におよぼす影響力について理解しておくことが望ましいと言える。

4. 「事実」とは何か？

事実とは，現実に起こった本当のことを意味するが，果たしてメディアは事実を伝えることができるのだろうか？　「中には嘘の情報が紛れ込んでいて事実を伝えていないものもあるから気を付けなくてはならない」ということではなく，そもそもメディアが伝えている「事実」は，事実といえるのかということについて，送り手の視点から考える必要がある。

横浜市立高田小学校の国語の授業（実践者：佐藤幸江教諭）で，4年生の児童が新聞作りをする活動が行われた。上位学年である5年生が，学校全体のために，どのような委員会活動をしているのか取材し，保護者に伝えるという学習

活動であった。

　この実践において，ひと通りの取材を終えて，いざ記事にしていこうとする時，あるグループの子どもたちは判断に迷う事態に直面した。やる気に満ちた積極的な回答を期待して「なぜこの委員をすることにしたのですか？」と5年生にインタビューしたところ「ジャンケンで負けたので」という実に消極的な答えが返ってきたというのである。

　もしこのことをそのまま記事にすると「主体性のない5年生」という悪いイメージを伝える記事になってしまう。それを読んだ5年生は，気分を害し，怒るに違いない。しかし，載せないと事実を隠蔽したことになるのではないか，新聞は事実を伝えるものだから隠すことは許されないのではないかと子どもたち同士で話し合っていたのだ。結局，その子ども達は，教師や外部講師のアドバイスを受けて5年生に再取材を行った。もっと詳しく聞いていくことで，きっかけはジャンケンだったけれど，今は誇りをもって活動をしているという話を聞くことができ，それを含めて記事にしたということである。

　この事例から考えさせられることは，「ジャンケンで決めた」と書くことが本当に「事実」を伝えたことになるのかどうか，ということであろう。もしかすると，冗談や照れ隠しで出た言葉であって，「自分たちには主体性がない」ということを意図して話したのではない可能性もある。また，たった1人が言った言葉が，すべての5年生のイメージを作ってしまうことにも留意する必要がある。つまり，ある1人がたまたまそう話したこと自体は事実だとしても，それをそのまま伝えることで，結果的に事実とは異なる誤解を広めてしまうことにもなりかねないということである。悪意の有無にかかわらず，メディアは，起こった出来事の意味を完全に伝えきることなど，そもそもできないという限界をもっているのである。

　表現・発信することの難しさや送り手がもつべき責任については，実際に自分でメディアを制作して，そのような事態に遭遇しないと実感できないことかもしれない。もともと「新聞とは事実をありのままに伝えるもの」と考えていた子どもたちは，このような学習活動を通じて，それほど単純な話ではないと

いう発見をしたはずである。

　事実に基づいて制作されたメディアが，必ずしも事実を伝えることができているとは限らない。メディアを制作し，人に物事を伝えることの難しさを知ることによって，受け手としてメディアとどう接していくか，送り手としてどう表現・発信していくかということについて考えることができる。メディアの特性を学び，メディア・リテラシーを身に付けていくためには，このような経験から学びとる必要があるだろう。

5. メディアの影響力

　メディアは，人を動かす力をもっている。あるいは，人の人生を左右するようなムーブメントを起こすことがある。このことについて，メディアは，社会，文化，政治，経済など様々なものに対し影響力を及ぼしていると捉えることができる。以下に具体例を示す。

（1）メディアの社会的影響力

　メディアは，社会に対して影響力をもっている。例えば，ミニブログに冗談で「飲酒運転をした」と書き込んだ人が不特定多数の人から非難され，個人情報を拡散されるという出来事があった。仕組みをよく理解していなかったのか，自分がそのように書き込むことで何が起こるか想像する力が欠如していたのか，いずれにしてもメディアのあり方を考える必然性を問うような事例であった。

（2）メディアの文化的な影響力

　また，メディアは，文化に対しても多大な影響力をもっている。例えば，他国の建築やファッションに関する雑誌を読んで，自国の生活様式に取り入れることがある。たとえそれが実際に行ったことがない国だとしても，そのよさを感じ参考にすることができる。結果として，他国からの文化が流入することに

より，自国の文化が変容していくことにつながる。急激にそうした事象が起こると「文化侵略」といった過激な言葉で警戒されることもあるが，グローバル化や情報化が進むことで，ゆるやかに変容していくことは，拒んでも拒みきれないことなのかもしれない。

　また，昨今インターネットが普及したことによる文化的な影響の例としては，動画投稿サイトに公開した歌が話題となり，芸能界デビューを果たした人もいることなどが挙げられる。それは，素人の才能を発掘するツールとしてメディアが機能し，歌という文化に触れるための新しい経路と消費のスタイルが生まれたことを意味する。この場合，「インターネットで発掘された」ということ自体が話題性をもっており，既存のマスメディアが多く取り上げたことも情報の拡散に影響を及ぼしたと考えられる。

（3）メディアの政治的影響力

　インターネットは，文化を拡散させるだけでなく，政治的な動きにも影響を与えている。例えば，「アラブの春」のように，マスメディアによる言論を統制してきた独裁国家において，SNSで仲間を募り，革命を実現させた人達がいた。インターネットは国家の枠を越えて様々な国のあり方を知る手段でもあり，他者と議論する中で国内の仲間の結び付きを強固なものにした。また，外国に拠点を置く放送局が他国の状況や民衆によるデモの勃発を伝えたことは，さらに民衆を刺激し，行動へと導いた。

　その他にも，政党が選挙戦略としてメディアをうまく活用し，多数の議席を獲得し，政権をとることもある。また，逆に政府の失政を批判する報道が集中することで支持率が低迷，失脚したこともある。政治の方向性を国民にわかりやすく伝えることや，選挙の争点などを伝える役割もメディアが担っており，その取り上げ方によって，世論が作られ，政治的な意思決定に影響を及ぼすのである。

（4）メディアの経済的影響力

　経済に対してもメディアは大きな影響力をもつ。例えば，広告によって商品が記憶に残り，消費行動が促進される。あるいは，直接的な広告でなくてもテレビで健康によいと紹介された製品が，その翌日，多くの店で売り切れるということがある。また，企業の経営状況や国の財政状況に関わる情報をメディアが伝えれば，株価や相場が変動し，経済全体に影響を及ぼすことになる。

　そもそも，マスコミ関連企業自体も経済活動を行う営利企業である。コンテンツを直接売るものもあれば，広告主からの広告収入を主な収入源にしているメディアもある。公共性をもつものであると同時に，商業的な性格をもち，経済活動の一端を担っている。

6. メディアの特性

　以上のようなメディアの影響力を考慮するならば，私達はメディアのあり方に無関心でいることはできない。もし，無関心なままであれば，送り手の意図に関わらずメディアの情報に踊らされて，情報を的確に捉え行動できず，日常生活で不利益を被ることがあるだろう。あるいは，送り手として，人を傷つけたり，世の中を混乱させたりするような情報を発信してしまうことも危惧される。また，望ましい社会やメディアのあり方について議論したり，意思決定したりすることもできないだろう。

　そのため，メディアの特性について学び，メディア・リテラシーという能力を身に付ける必要性が指摘されてきた。例えば，メディア研究の蓄積を受けて，カナダ・オンタリオ州のメディア・リテラシー協会（Association for Media Literacy＝AML）では，メディア・リテラシーのキーコンセプトとして次の8つを挙げている。これらは，メディアの特性を簡潔に表している。

　1．Media construct reality.
　　メディアは，「現実」を構成する（メディアが伝える「現実」は，実際に経験した

いくつかの要素を組み合わせて表現されたもので，現実そのものではない）

2．Media construct versions of reality.

メディアは，現実の解釈を構成する（メディアは，伝える手段の特性や送り手の
意図によって現実の一面を伝えているもので，偏りが生じる）

3．Audiences negotiate meaning.

メディアは，受け手が，意味を解釈する（人それぞれ知識や経験が異なるため，
同じメディアであっても異なる解釈がなされる）

4．Media have economic implications.

メディアは，経済的影響力をもつ（メディアは，そのものが産業であるだけでな
く，多くの仕事や生活で制作・活用されており，経済に影響を与えている）

5．Media communicate values messages.

メディアは，価値観が含まれた内容を伝えている（メディアは，特定の価値判断
で表現されているもので，誰かに何らかの利益をもたらす一方，別の誰かに不利益を
もたらす場合がある）

6．Media communicate political and social messages.

メディアは，政治的・社会的な内容を伝えている（メディアは，直接会うことが
ない人の考えにも触れる機会を提供し，人々の様々な意思決定に影響を与える）

7．Form and content are closely related in each medium.

それぞれのメディアにおける表現の形式と内容は密接に関係している（メディ
アは，それぞれ特有の記号体系やジャンルがあり，伝わる内容に影響を及ぼす）

8．Each medium has a unique aesthetic form.

個々のメディアは，独特の美的形式をもっている（メディアは，芸術性や娯楽性
があり，それらを高める表現の工夫がなされている）

(https://aml.ca/resources/eight-key-concepts-media-literacy/ をもとに著者が意訳・補足
した。2020 年 8 月 30 日参照)

7. インターネットの登場とメディアの特性

　インターネットは，既にあるメディアと連動したり，融合したりして，新し
いサービスやコミュニケーションの場を提供している。コンピュータが文字だ

けでなく画像を扱えるようになったことで，新聞や雑誌の形式と同等のコンテンツをインターネット上で提供できるようになった。また，ネットワークのブロードバンド化によって，音声や映像の配信，生中継も可能となり，ラジオやテレビの形式と同等のコンテンツが提供できるようになった。

　さらには，インターネットのもつ双方向性を活かして，これまでなかったような仕組みや使い方も生み出され続けている。例えば，SNS，テレビ会議システム，ミニブログなどのシステムを活かして，多様なコミュニケーションが生み出されている。そのような，市民が情報発信できる，あるいは，新しいメディアのあり方に関して関与できる可能性が開かれてきたということは，旧来言われてきたような「権力を握っている特別な存在であるマスメディア」と「それに頼らざるを得ない市民」という構図が崩れつつあることを意味する。

　発信者としての市民は，大手マスメディアが取り扱わないような内容でも独自に取材して発信できる。大手マスメディアは常に新しい出来事を追い求めがちであるが，そうではない長期的な取材から伝えられる個人の情報発信が，世の中にとって有益な場合もある。また，数の限られたマスメディアによる情報発信だけでなく，様々な立場から市民が情報を発信し，多様な考えが自由に世に放たれることは，言論の偏りを正すことにつながると期待される。

　今後は，個人の単位だけでなく，少し規模の大きな市民メディア団体の設立も増えることが予想される。例えば，視聴者からの寄付や情報料の支払いによって成り立つようなメディア団体ができれば，視聴率が悪くてもすぐに番組が打ち切られることは少なくなるかもしれない。そうすれば，活動資金の多くをスポンサーからの広告収入で賄っている現在の大手マスコミ企業とは異なる使命感をもって活動できるだろう。大手マスコミ企業は，広告収入を主な収入源にしている場合が多く，スポンサーに都合の悪い報道をしにくい構造にある。最悪の場合，スポンサーからの圧力によって報道の内容がねじ曲げられることすら起こり得る。市民メディア団体には，そうしたしがらみに囚われることのない活動が期待されている。

　しかし，市民が情報発信できる場や権利を得たとしても，誰もが上手に情報

発信できるとは限らない。一定の機材は必要であるし，技術的な知識やスキルも必要になる。そして何より，送り手はメディアの特性や社会的な影響力を理解しておく必要がある。もし，そうしたことがなく，素人が大量に情報発信者として社会に参画すると，信憑性の疑わしい情報や配慮に欠ける表現が増え，社会が混乱したり，大切にしてきた文化が衰退したりする危険性もある。

　また，ある人にとっては何ということもない表現が，別のある人にとっては許しがたいほど不快な場合がある。文化的な背景，育った環境なども関係すると考えられるが，暴力的な表現，差別的な表現，性的な表現などは，特にそのようなズレが生まれやすい。そして，相手の顔が見えにくい特性をもったメディアでは，このようなトラブルも起きやすい。もし，相手がどのレベルを不快と感じるのか知ることができれば，表現に配慮したり，不快に感じる人がそのような表現に触れなくて済む方法を考えたり，メディアの仕組みや運用の取り決めを検討したりすることができるだろう。

　こうしたことから，市民がメディアの特性を理解した上で，情報発信に伴う責任感をもつことや，表現技術を身に付けることは急務であるといえる。また，単にコンテンツを生み出す能力だけではなく，新たに技術を開発，利用してコミュニケーションの経路を生み出したり，コミュニケーション空間における秩序を保つための仕組みやルールを作ったりというように，メディアのあり方を組み替えていく能力も求められている。

　社会的なシステムとしてのメディアの仕組みを構築したり，組み替えたり，コンテンツを生み出したりすることは，その社会を共に生きる人々の対話によって実現する。そして，その対話を行うためには，メディアの特性を理解しておく必要がある。

　なお，このような状況があるからこそ，受け手として情報を読み解くメディア・リテラシーも，より一層，重要性を増しているといえる。市民メディアが登場したからといってマスメディアの影響力が弱まるわけではない。送り手が多様化すればするほど，情報の信憑性や送り手の意図をよく吟味して情報を受け止める必要がある。受け手としての市民は，情報に踊らされたり，送り手の

もつ権力を暴走させたりしないように，メディアの構造を理解し，情報の質や
健全性が高まるよう，送り手側に働きかける姿勢が求められている。

Chapter 04

多様な能力からなる メディア・リテラシー

1. メディア・リテラシーを捉え直す必要性

　なぜメディア・リテラシーが必要とされるのか。また，どのようなメディア・リテラシーが必要とされるのか。その答えは立場や時代背景によって異なる。水越（2002）は，「メディア・リテラシーは，これまでの発展の経緯をみても，複合的な能力から構成されており，その言葉の用いられる文脈によって，意味を変化させる多面体のものである」と述べている。第2章でも述べたように，中核となるメディア・リテラシーの概念については共有されているが，様々な立場や背景のもとで語られてきたために，特定の能力だけが強調されたり，別の文脈で同じ概念が使われたりして混乱がみられる。

　特にメディア・リテラシーの研究が注目された当初は，マスメディア対個人という関係性のもとで，情報を批判的に読み解くということを中心的課題とする研究が目立った。社会的影響力が大きく，ともすると市民にとって「脅威」となり得るマスメディアに関するものが主流であったことは，近代以降の社会においてマスメディアが果たしてきた役割や影響力を考えれば当然のことかもしれない。

　しかし，1990年代後半になると，その状況は変わってくる。例えば，「新たなメディアの登場と，そのことによる従来メディアの質的転換を考えるならば，メディアについての概念と研究領域を捉えなおすべきである」と主張する研究者も出てきた（竹内・児島・橋元　1998）。確かに，メディア研究が始まった当初と比べ，メディア環境は大きく変わった。特に，パソコン，インターネット，デジタルカメラ，ビデオカメラ，携帯電話が情報端末化したスマートフォ

ンなどの普及・簡便化は目覚ましく，日常のメディア利用やコミュニケーショ
ンのあり方に影響を及ぼしていることは明らかである。マスメディア研究の重
要性は依然として大きなものであることに変わりはないが，こうした新しいメ
ディアがもたらす社会的なインパクトは無視できるものではない。

　これは，メディア・リテラシーに関する研究についても同様のことが言え
る。社会的な関係性が価値をもち，視聴覚に訴えかける情報による双方向のコ
ミュニケーションが一般的なものになったこの社会では，それに対応したメデ
ィア・リテラシーにも注目していく必要がある。中橋ら (2003) は，それまで
のメディア・リテラシー研究は主にマスメディア対個人という関係性の中で情
報を批判的に読み解くということを中心的課題としてきたことに対し，インタ
ーネットの普及による個人の情報発信も含む，新しいメディア・コミュニケー
ションも含めて考えていかなくては時代に即したものとはならないことを指摘
している。

　こうした枠組みの転換は，時代の変遷によって今後も生じると予想される。
これまでなされてきた研究の蓄積を受け継ぎながらも，「今，なんのために，
どのようなメディア・リテラシーが求められるのか」を問い直していくことが
重要である。

2. 構成要素に関する先行研究

　そこで，まず単なる用語の定義から一歩踏み込み，これまでメディア・リテ
ラシーがどのような要素から構成されるものとして検討されてきたか概観する。

（1）メイロウィッツの構成要素

　メイロウィッツは，メディアの多様な概念理解のために，少なくとも次の3
つの異なるメディア・リテラシーの存在を理解する必要があるとしている
(Meyrowitz　1998)。

　①メディアから表現されている情報内容を読み書きできる力

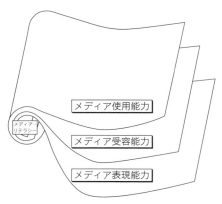

②メディア文法を読み書きできる力

③メディア（媒体）が構成するコミュニケーション環境の特徴を読み書きできる力

　このように分けて考えることによって，「情報内容の意味を理解できるかどうか」ということと「記号体系を理解できるかどうか」ということは，次元が異なる話であることがわかる。さらに，コミュニケーション環境の特徴という観点は，情報伝達の裏側にある

図4-1　メディア・リテラシーを構成する3つの能力（水越　1999）

メディア産業の構造や社会的な文脈の制約を受けて構成されるメディアの特性など，目に見えにくいものの存在を理解することの重要性を強調している。これは，先の2点とも次元が異なる話である。

（2）水越の構成要素

　水越（1999）は，メディア・リテラシー論には，①マスメディア批判の理論と実践，②学校教育の理論と実践，③情報産業による生産・消費のメカニズムという3つの系譜があるとしている。そして，メディア・リテラシーは，それらの系譜を背景とする次の3つの能力が相互補完的に複合されたものと説明している（図4-1）。

-メディア使用能力：メディア機器やソフトを使いこなす能力
-メディア受容能力：新聞記事やテレビ番組などを，特定の社会の中で特定のメディア事業体が生み出した情報の構成体として捉え，その特性や文脈に基づき，批判的に受容し，解釈をすることができる能力
-メディア表現能力：さまざまなメディアを用いて，個人やグループの思想，意見，感情などを表現する能力

異なる3つの立場において重視されてきた能力が，相互に関連していることに着目して，それらを構成要素とするメディア・リテラシーが現代社会において成立するという見方である。

（3）旧郵政省による構成要素

　旧郵政省（2000），現総務省が公開している「放送分野に

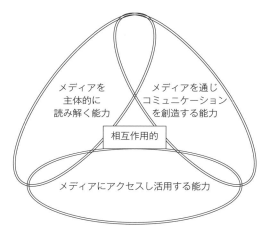

図4-2　メディア・リテラシーの構成要素 （旧郵政省　2000）

おける青少年とメディア・リテラシーに関する調査研究会報告書」では，メディア・リテラシーの構成要素は，複数の要素からなる複合的な能力であるとして，次のように説明されている（図4-2）。

①メディアを主体的に読み解く能力
　　ア　情報を伝達するメディアそれぞれの特質を理解する能力
　　イ　メディアから発信される情報について，社会的文脈で批判的（クリティカル）に分析・評価・吟味し，能動的に選択する能力
②メディアにアクセスし，活用する能力
　　メディア（機器）を選択，操作し，能動的に活用する能力
③メディアを通じてコミュニケーションを創造する能力
　　特に，情報の読み手との相互作用的（インタラクティブ）コミュニケーション能力

　これも次元の異なる複数の能力を含むものと捉えたものであるが，主に受け手，あるいは，ユーザーとしての能力に比重が置かれている。

3. ソーシャルメディア時代のメディア・リテラシー

　本書では，以上の先行研究の知見を踏まえつつ，表4-1の「ソーシャルメディア時代のメディア・リテラシーの構成要素」を提案する。これは，中橋ら（2003）による「メディア・リテラシーの構成要素」を整理し直したものである。

　面識のない人同士が関わりをもちやすいソーシャルメディアが登場し，その使われ方には厳格な決まりがあるわけではなく，人それぞれ異なる文化や価値観のもとで創意工夫がなされ，活用されている。ソーシャルメディアによるコミュニケーションの場に対し，サービスの提供主は一定程度目的や決まりをデザインするが，その場に参画する人々によって新しい使い方が編み出されることも少なくない。そのため，その場が新しい形で形成されていく状況を踏まえる必要があると考えた。

　この中で，「③メディアを読解，解釈，鑑賞する能力」と「④メディアを批判的に捉える能力」は，特に受け手となる際に必要な能力である。そして，「⑤考えをメディアで表現する能力」と「⑥メディアによる対話とコミュニケーション能力」は，主に送り手となる際に必要な能力である。また，「①メディアを使いこなす能力」と「②メディアの特性を理解する能力」は送り手と受け手，両方に必要な能力である。これらの能力は，すべて「⑦メディアのあり方を提案する能力」に関連している。

　なお，記号として①～⑦，a～cを用いているが，これは重要度の高さや順序を示すものではない。これらは相互に関連し合っているため，ある構成要素のみを抜き出して，それがメディア・リテラシーであるとは言い難い。しかしながら，実際に授業実践をデザインする際には，ひとつの実践ですべての構成要素を育もうとすることにも無理がある。ひとつの実践で複数の要素に触れつつ，いくつもの実践を系統的に積み重ね，これらをバランスよく総合的に高めていくことが重要である。

　以下では，表4-1の詳細に触れながら，特徴的な実践事例を取り上げること

表 4-1　ソーシャルメディア時代のメディア・リテラシーの構成要素

①メディアを使いこなす能力
a.　情報装置の機能や特性を理解できる。
b.　情報装置を操作することができる。
c.　目的に応じた情報装置の使い分けや組み合わせができる。
②メディアの特性を理解する能力
a.　社会・文化・政治・経済などとメディアとの関係を理解できる。
b.　情報内容が送り手の意図によって構成されることを理解できる。
c.　メディアが人の現実の認識や価値観を形成していることを理解できる。
③メディアを読解，解釈，鑑賞する能力
a.　語彙・文法・表現技法などの記号体系を理解できる。
b.　記号体系を用いて情報内容を理解することができる。
c.　情報内容から背景にあることを読み取り，想像力を働かせて解釈，鑑賞できる。
④メディアを批判的に捉える能力
a.　情報内容の信憑性を判断することができる。
b.　「現実」を伝えるメディアも作られた「イメージ」だと捉えることができる。
c.　自分の価値観に囚われず送り手の意図・思想・立場を捉えることができる。
⑤考えをメディアで表現する能力
a.　相手や目的を意識し，情報手段・表現技法を駆使した表現ができる。
b.　他者の考えを受け入れつつ，自分の考えや新しい文化を創出できる。
c.　多様な価値観が存在する社会において送り手となる責任・倫理を理解できる。
⑥メディアによる対話とコミュニケーション能力
a.　相手の解釈によって，自分の意図がそのまま伝わらないことを理解できる。
b.　相手の反応に応じた情報の発信ができる。
c.　相手との関係性を深めるコミュニケーションを図ることができる。
⑦メディアのあり方を提案する能力
a.　新しい情報装置の使い方や情報装置そのものを生み出すことができる。
b.　コミュニティにおける取り決めやルールを提案することができる。
c.　メディアのあり方を評価し，調整していくことができる。

で，構成要素の意義や教育方法について考えていきたい。

（1）メディアを使いこなす能力

　メディアとの接し方について考え，選択・活用するためには，「a. 情報装置の機能や特性を理解できる」ことが重要である。ここでの情報装置には，テレ

ビやスマートフォンのような機器，紙と鉛筆のような道具，コンサートのステージのような舞台なども含まれる。メディアを使いこなすには，情報装置としてのメディアがどのような機能をもっているのかということや，一方向性，双方向性，即時性，信頼性などといった様々な特性を理解する必要がある。

　また，メディアを使いこなす前提として，「b. 情報装置を操作することができる」必要がある。情報装置には直感的に操作が可能なものもあるが，コンピュータのキーボードなど，使いこなすためには一定のトレーニングが必要なものも存在する。ただし，目的のないスキルトレーニングを積んでも身に付きにくく，課題に対しても活かされにくい。目的の設定が重要である。

　これまで，人々は様々な情報装置としてのメディアを生み出してきた。単に新しいものが生まれたら古いものは消え去るということではなく，それぞれのよさを活かす形で使い分けたり，組み合わせたりして使われてきた。そこで，メディアを使いこなすために「c. 目的に応じた情報装置の使い分けや組み合わせができる」ことが求められるといえる。今後も，既存のメディアを，あるいは，新しく生まれてくるメディアを使いこなしていく必要がある。

　石川県志賀町立高浜小学校では，「伝統的な地域の祭り」をテーマにした総合的な学習の時間におけるまとめ活動として，地上デジタル放送用の番組を制作するという実践が行われた。児童は，「ししまい」や「火渡り」などについ

図4-3　発表会の様子

て調べ，その学習成果を伝える表現方法として，紙芝居，劇，クイズや実物などから適切なものを検討する。番組制作およびそれに関連するデータ放送のコンテンツ制作に当たっては，実物を取材したり，伝説に関する劇を盛り込んだりと，効果的に伝える使い分けを行っていた。さらに，役場で行った発表会では，来場者に番組を視聴してもらってか

ら，児童がデータ放送を使って詳細を説明したり，データ放送のインタラクティブなクイズを使って来場者とコミュニケーションをとったりしていた（図4-3）。複数のメディアを選択し，組み合わせて効果的なコミュニケーションを生み出すことを体験的に学ぶ実践といえる。

（2）メディアの特性を理解する能力

まず，「メディアの特性」を理解するために，「a. 社会・文化・政治・経済などとメディアとの関係を理解できる」ことが重要である。メディアは，社会・文化・政治・経済などに対して大きな影響力をもっている。一方，社会・文化・政治・経済などが，メディアのあり方に影響を及ぼすことがある。こうした関係性がメディアの特性であり，そのことを理解しておかなければならない。

次に，「b. 情報内容が送り手の意図によって構成されることを理解できる」ことが求められる。メディアは，送り手の意図によって構成される。とはいえ，単に送り手が好き勝手に考えを発しているものだけでなく，受け手のニーズを満たすために意図されたメディアもある。その場合でも，受け手の意見を参考にしながらではあるが，やはりメディアは送り手の意図によって構成されている。

さらに，「c. メディアが人の現実の認識や価値観を形成していることを理解できる」ことが必要である。人はその場にいなくてもメディアが報道したことを通じて実際にあった出来事の多くを認識する。それだけでなく，フィクションの世界であるアニメやドラマなどからも，家族のあり方や人としての生き方などの価値観を発見したり強化したりする。それは，ステレオタイプとして認識の枠組みとなるが，必要以上に偏ったイメージとなってしまうこともある。私たちは，それだけメディアから多くの影響を受けて生活をしているのである。

宮城県朴沢学園明成高等学校では，CM の制作を擬似体験できるデジタル教材（「メディアを学ぼう」http://mlis.jimdo.com）を使い，メディアが送り手の意図に

図 4-4　制作を疑似体験する教材の活用

よって構成されていることを学ぶ実践が行われた。カレールーの CM 制作を疑似体験するという設定のデジタル教材では，キャッチコピー，文字の色，音楽を選択していくと CM が完成する（図4-4）。その体験を通じて，同じ映像でも文字や音楽との組み合わせによって印象がまったく異なることを学ぶ。他者と比較して，なぜそのような表現にしたのかを確認していくことによって，送り手の意図に気付く実践である。

（3）メディアを読解・解釈・鑑賞する能力

　メディアを読み解くためには，「a. 語彙・文法・表現技法などの記号体系を理解できる」必要がある。言語に文法があるのと同様に，映像や音響効果の使い方にも共通に理解される語彙・文法・表現技法が存在する。例えば，カメラワーク，モンタージュ法，編集など，それによって同じ出来事でもまったく印象が異なるものとなる。

　このような記号体系を単に知っているというだけでは意味がなく，実際に「b. 記号体系を用いて情報内容を理解することができる」必要がある。もし，共通の記号体系をもたなければ，うまく解釈できず，誤解が生じる可能性がある。情報内容を読み解く際に使われる実践力として発揮される必要がある。

　そして，より高次なレベルとしては，「c. 情報内容から背景にあることを読み取り，想像的に解釈，鑑賞できる」力が挙げられる。前後の文脈，既にもっている知識，情報が発信されている背景などから判断し，想像的に意味を解釈する能力である。文章に「行間を読む」という言葉があるように，目に見えるものがすべてではない。送り手の真意や意向，背景にある状況を読み取ることも重要である。ある出来事を伝えるためには，情報を取捨選択しなければなら

図 4-5　組写真でストーリーを構成

ない。つまり，メディアには物事のある一面を伝えることしかできないという限界がある。その偏りを正すためには，別の側面にどのようなことがあるのか読み取る必要がある。また，特に芸術性・娯楽性のあるメディアは，単に正しく理解できるだけでなく「味わう」というような情意的な鑑賞力も含めて考える必要がある。メディアを介して感動したり，楽しんだりすることもメディア・リテラシーの重要な要素として強調したい。

　大阪教育大学附属平野中学校では，映像文法としてのモンタージュ技法について授業が行われた (図4-5)。モンタージュ技法とは，映像と映像をつないで意味を構成する映像メディア独特の表現技法である。悪意をもてば人をだますような映像も簡単に作ることができてしまうが，その特性が活かされることで豊かな表現を生み出すこともできる。このような技法を用いてメディアが構成されていることを体験することで，生徒はメディアを読解・解釈・鑑賞する能力を身に付けていく。

（4）メディアを批判的に捉える能力

　さらに，メディアの読解・解釈・鑑賞を越えて，その背景を批判的に捉える

能力も重要な構成要素のひとつである。そのひとつとして，受け手が「a. 情報内容の信憑性を判断することができる」力をもつことが重要である。人は悪意がなくとも誤った情報を伝えてしまうことがある。また，残念なことに悪意をもって人をだまそうとする人も存在する。特に匿名性が高いメディアほど，送り手の意図や情報の真偽を判断することが求められる。実際に自分の目や身体を通して得た情報ではないメディアを介した二次情報は，断片的なものであり，多かれ少なかれ偏りが生じる。複数の情報源をもとに様々な角度から情報を吟味して判断するなど，受け手の側でも誤解や認識の偏りを減らす努力をすることが求められる。

　メディアを通じて現実に起きた出来事を知ることができるが，それを伝えるメディアは現実そのものではなく「イメージ」である。特に，受け手を満足させるために撮影された映像，解説，音響効果，ゲストのコメントなどで演出・構成された作品は，素朴な現実よりも面白く，また，魅力的に感じるものである。受け手が面白さや魅力的なものばかりを求め，送り手がそれを満たそうと努力するほど，バランスの崩れた情報が蔓延しかねない。それだけに，「b.『現実』を伝えるメディアも作られた『イメージ』だと捉えることができる」ことが必要になってくる。

　マスメディアであってもパーソナルメディアであっても，メディアが送り手の意図によって構成され，受け手の解釈によってコミュニケーションが成立していることを考えると，「c. 自分の価値観に囚われず送り手の意図・思想・立場を捉えることができる」力の育成は重要である。人間は自分の経験や既有の知識などによる認知の枠組みに基づいて情報を判断する。それによって偏見や誤解が生じる場合もあるため，自分の価値観だけに囚われないように注意する必要がある。

　富山県立大門高等学校では，戦争報道に合成写真が使われた事例について電子掲示板で意見交換を行い，情報発信することの意味について考える実践が行われた。カメラマンの立場で，なぜ合成写真を使った報道を行ったのか，自分だったらどうしていたかについて議論を行う。購読者を惹き付ける写真が新聞

の売り上げを伸ばすかもしれないし，合成写真によってカメラマンの伝えたいメッセージがより伝わるかもしれない。しかし，いわば作り物の写真が報道に使われることに倫理的な問題も感じざるを得ない。このように送り手の信条・立場を考えた上でメディアを批判的に捉えることに重点の置かれた実践である。

（5）考えをメディアで表現する能力

　メディアの情報内容には，人の役に立つ情報を提供したり，楽しませたりするといった目的がある。そして，受け手が理解可能かどうか，どのようなことに魅力を感じるか考えて作られる。そのため，送り手となるためには，「a. 相手や目的を意識し，情報手段・表現技法を駆使した表現ができる」ことが重要である。これまで蓄積されてきたメディア特性に基づく表現技法を吸収しつつ，自由な発想で新しい表現を創造していくことが望まれる。

　何もないところから新しいものを生み出すことは難しい。他者との相互作用によって，自分ひとりではできないような新しいものを生み出すことができる。それだけに，「b. 他者の考えを受け入れつつ，自分の考えや新しい文化を創出できる」力も重要な構成要素である。オリジナリティは，外界にあるものの模倣を繰り返し，それを相対化しながら自己を確立していくことから生まれる。オリジナリティある表現を行うクリエイティビティやセンスは，経験を積むことで熟達していく「能力」であると捉えることができる。

　そして，情報発信を行う際には，送り手としての責任と倫理観をもつ必要がある。そのために「c. 多様な価値観が存在する社会において送り手となる責任・倫理を理解できる」ことが重要である。自分は何とも思わないことでも，他の人にとっては不快に感じるような表現もある。他人の個人情報や悪い評判を発信することで，思った以上に他人に迷惑をかけることもある。パーソナル・コミュニケーションにおいても，トラブルが生じないように相手を思いやる気持ちが大事だが，誰が受け取るかわからない仕組みのメディアにおいては，それ以上にこの点に配慮する必要があるだろう。

図4-6　プロの作品を分析して企画を練る

綾瀬市立綾北小学校では，全校児童に対して「手洗い・うがい」をきちんとするよう呼びかける公共広告CM制作の授業を実践した。4年の特別活動「学級や学校の生活づくり」で行われたこの授業では，プロが制作したCMや教師が制作した失敗例の作品を「映像」「テロップ」「セリフ」「音楽」といった観点から分析し，自分たちの企画を練り上げていった（図4-6）。その結果，時間をかけてしっかり手洗い・うがいをすることや，清潔なハンカチを使うことなどを自分たちで手本を示しながら訴えるCMに仕上がった。また，受け手に興味をもって見てもらい，楽しみながら手洗い・うがいをしてもらうために，歌やドラマを交えた表現の工夫が見られた。制作したCMは，昼休みの校内放送で放送し，実際に役立てられた。明確な相手意識・目的意識をもち，考えをメディアで表現してオリジナルの作品を生み出した実践であった。

（6）メディアによる対話とコミュニケーション能力

このような「考えをメディアで表現する」ことと関わりの深い構成要素として，「メディアによる対話とコミュニケーション能力」がある。そのうちのひとつに「a. 相手の解釈によって，自分の意図がそのまま伝わらないことを理解できる」ことがある。既有の知識や経験，価値観が異なる場合，つまり，共通の記号体系をもち得ない場合，送り手として自分が意図したメッセージが，受け手に理解されないことがある。特にメディアを介した対話とコミュニケーションは，相手の反応が直接見えにくいことや誤解や対立が生じやすいといった問題点が指摘されており，表現を吟味していく必要がある。

また，メディアを介したコミュニケーションでは，対面でのコミュニケーシ

ョンよりも相手の心情を知る判断材
料が限定される場合が多いため，
「b. 相手の反応に応じた情報の発信
ができる」ことが重要になる。これ
は，伝える相手のことをよく知り，
相手に応じた表現を心がける重要性
も示している。

　さらに，双方向メディアが普及し
た社会においては，「c. 相手との関

図4-7　テレビ会議での打ち合わせ

係性を深めるコミュニケーションを図ることができる」ことが求められる。ネ
ットワークを中心とするコミュニティ形成や協調作業などの機会が今後増大し
ていくと考えられるからである。

　東京都江東区立南砂小学校と岡山県岡山市立平福小学校の6年生は，総合的
な学習の時間で，「おこめ」について交流学習を行った。そして，その成果と
して共同で本を出版する企画を立てるという実践を行った。交流の際には，テ
レビ会議，ファックス，電子メールを使い分け，時に組み合わせ，議論する
(図4-7)。本の内容・構成，表紙やキャラクターなどのデザイン，宣伝用チラ
シ作りなどについて決めていく。インターネットを活用することで，対話とコ
ミュニケーション能力，仲間と協調作業する能力が育成された実践である。

（7）メディアのあり方を提案する能力

　人々は，これまでに様々なメディアを生み出してきた。そして，それを生み
出した人とは別の人によって改善がなされたり，新しい使い方が提案されたり
して，それが定着していくこともあった。人と人との関係性の中でメディアが
生成されることを考えるならば，「a. 新しい情報装置の使い方や情報装置その
ものを生み出すことができる」力を育むことが重要であるといえる。

　あるコミュニティにおける文化やメディアのあり方を形成していくのも，人
と人との関係性であるとするならば，「b. コミュニティにおける取り決めやル

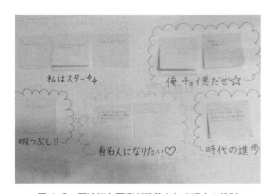

私はスター★

俺，チョイ悪だぜ☆

暇つぶし‼

有名人になりたい♡

時代の進歩

図4-8　不適切な写真が投稿される理由の検討

ールを提案することができる」力の育成も重要である。特に近年，マスメディアと市民の関係性を越えて，ソーシャルメディアの活用方法に関して議論されることがある。不適切な発言や写真の投稿・公開によって，多くの人がそれを拡散して「炎上（非難のコメントが集中すること）」につながることや，犯罪が発覚し検挙されるに至ることもある。

　これまでも，例えば，捏造，過熱報道，誹謗中傷，プライバシー侵害，依存，いじめなど，メディアを取り巻く様々な問題については，対策が検討されてきた。そのため，「c. メディアのあり方を評価し，調整していくことができる」能力を育むことも重要である。問題解決のルールを作ることに唯一絶対の答えがあるわけではない。むやみにルールを作ると，そのもののメリットが失われるだけでなく，様々な行動がルールによって制限される息苦しい社会になりかねない。そうならないために，社会の構成員同士が議論して新しい知を生み出し，慎重に意思決定をしていくプロセスが重要となる。そうした議論をするためにも，メディアを評価し，調整していくための経験を積む必要がある。

　聖母被昇天学院中学校高等学校では，ミニブログにおいて不適切な写真（アルバイト先の冷蔵庫に入ってふざけている写真など）を公開した人がいたことについて考える実践を行った（岡本ら　2013）。何が問題なのか，なぜそのような問題が起きるのかを考えることによって，自らの情報発信に対して責任をもてるようにするとともに，メディアのあり方について考え，行動する実践である。生徒たちからは，ソーシャルメディアには「気軽に発信できてしまう仕組み」「目立ちたいという欲求をもちやすい仕組み」などの特性があり，そのことも問題が生じた要因ではないか，といった意見が出された（図4-8）。答えがひと

つではない現実的な課題に対して取り組む重要性や，その方法について学ぶことができる実践である。

■▟▙ 4. 建設的にメディアのあり方を考えるために ▟▙■

　本章では，メディア・リテラシーの構成要素と実践事例の対応を検討してきた。これまでみてきたように，学校教育においてメディア教育のカリキュラムを開発し，実践を行っていく際には，構成要素全体のどの部分を掘り下げていくのかということを意識しておくことが重要であるといえる。

　また，構成要素をバランスよく育成していくためには，ある構成要素に重きを置いた実践をしたら，次は別の構成要素に重きを置いた実践を行うというように，系統立てて複数の実践を積み重ねていく必要がある。また，それをスパイラルに何度も多層的に積み重ねて能力を高めていくという計画が必要であろう。

　短期的な実践の場合，すべての構成要素を含むことは難しく，むしろ学習者が混乱してしまう危険性がある。自分が何を学び，大事なことは何なのかを認識（メタ認知）できることが，学んだことを定着させるために重要である。

　メディア・リテラシーは何のためのものなのか，なぜ必要なのか。それは，「メディアにだまされないためのもの」であろうか。あるいは，「情報の洪水に飲み込まれないためのもの」であろうか。それとも，「機器操作スキルの面で社会生活を不利にしないためのもの」であろうか。もし，このような「〜しなければならない」といった脅迫的な理由に偏った実践が多くなされれば，学習者も実践者も気持ちが暗くなってしまうだろう。

　一方，本章では，構成要素という枠組みを用いながらその広がりとして実践例を確認してきたが，これらの日々開発されている教育実践をみてみると，危機感を煽り，暗くなってしまうようなものばかりでないことがわかる。メディア・リテラシーの学びや教育的な営みは，建設的にメディアのあり方を考えていくことで，その大切さを実感できるものにしていくことが重要である。

メディア環境の構造的
変化を捉える重要性

1. メディア環境と価値観の変化

　現代社会におけるメディア・リテラシーを考えるにあたり，無視できないの
がICT（Information and Communication Technology）の存在である。様々な分野に
ICTが導入されたことで，人と人との関わり方，社会の構造が大きく変化し
つつある。もちろんマスメディアを担ってきたマスコミ業界も既存の媒体を活
かしながらICTの活用を進めているが，一般の市民が情報発信できる環境が
生まれたことによって，人と人との関係性はこれまでと異なるものになった。
大手マスコミ企業に限定されることのない多様な立場からの情報発信によっ
て，世の中の言論が偏ったものにならないよう，バランスをとることができる
と期待される。その一方，大量の素人が情報の流通に関わることで，質の低い
情報が蔓延してしまうことも危惧される。そういった点からも，社会を構成す
る人々が送り手としてのメディア・リテラシーを獲得していくことが社会の発
展につながると考えられる。

　歴史的な変遷の中で，技術開発が進み，表現技術の工夫が蓄積され，情報の
流通経路，情報の発信者も多様化している。メディアを介したコミュニケーシ
ョンが，人をつくり，文化をつくり，社会をつくり，そして，また新しいメデ
ィアをつくる，こうした循環の中に我々は存在しているのである。このような
観点を持ってメディアに関わる事象を捉え直す必要がある。

　ICTは，実際に会ったことのない人同士をつなぐことができる。最近では，
TwitterやFacebookなどのサービスによって，人と人とが関わりやすい環境
が生まれている。そのような環境では，世代や地域を越えて自分にない能力を

持った人に仕事を依頼したり，協力して複雑な課題解決をしたりすることも期待できる。これまでになかった創造的な営みである。だが，価値観の異なる人々が共存し，ひとつの社会を形成していくためには，お互いの価値観が異なることを認めあう努力をすることが必要になる。価値観の相違は，時として混乱や争いを生じさせる危険性があるからだ。

ICTを活かした新しいコミュニケーションの回路は，この十数年の間に急速に広まり，独特なライフスタイルや価値観を持つ世代を生み出した。こうした新しい価値観を持った世代を「デジタルネイティブ」というカテゴリーで捉えることがある。「デジタルネイティブ」とは，物心ついた時には，すでにICTが身の回りに存在していた世代のことである。デジタルネイティブを研究しているハーバード大学ロースクールのパルフレイ氏は，デジタルネイティブについて次のような特徴を挙げている（三村ら　2009）。

1．インターネットの世界と現実の世界を区別しない。

2．情報は，無料だと考えている。

3．インターネット上のフラットな関係になじんでいるため，相手の地位や年齢，所属などにこだわらない。

こうしたデジタルネイティブ世代の価値観とデジタルネイティブ以前の世代が持つ価値観は，大きく異なると言われている。つまり，デジタルネイティブ以前は，インターネットの世界と現実の世界を区別しようとしたし，情報は有料だと考えていた。そして，地位や年齢や所属にこだわる価値観を持っていたと考えられている。

また，こうした価値観の違いは世代の違いだけでなく，文化圏の違いによっても大きく異なることが予想される。ICTの持つ新しい可能性を活かすために，このようなメディアに関わる世界観や価値観の違いにも目を向けていくことがICT時代のメディア・リテラシーを考える上で求められている。

2. インターネットに関するメディア教育の事例

　綾瀬市立綾北小学校では，インターネットを介したコミュニケーションのあり方を子どもたちに考えさせる実践が行われた。情報教育・情報モラル教育として行われた授業であったが，同時に，メディア・リテラシーに関する教育として成立するものであった。

（1）著作権とメディア産業

　6年生のクラスでは，著作権を扱った授業が行われた。「人が作った映像作品などをインターネットからダウンロードして，勝手に自分が作ったように公開してしまうこと」は，なぜ問題となる場合があるのか話し合う。著作権に配慮すべきであることについて学ぶ実践である。また，ゲームや音楽などのメディア産業において，作り手に対価が支払われず，次の作品を作ることができなくなれば自分のためにもならない，ということを学ぶ。産業が成り立つ構造と著作権の関わりを知ることでメディアのあり方を考え行動していく力を身に付けていく。

（2）メールの特性とコミュニケーション

　5年生のクラスでは，「メールによる表現の特性」が扱われた。普段から，対面では「バカなやつだなぁ」などと冗談を言い合うような仲のよい2人の男の子が，それと同じ調子でメールを送ったところ，冗談だと受け取れず，けんかになってしまったという物語の教材を活用する。ではどのように表現したらよかったのか，自分たちも気を付けなければならないことは何か，グループで考えさせる実践である。文字によるコミュニケーションは感情が伝わりにくいというメディアの特性を理解することは重要である。さらに言えば，送り手が文章表現に気を付けるだけでなく，受け手側も「相手はそういうつもり（自分を傷つけるつもり）で言っているわけではないかもしれない」と一旦受け止め，別の手段で真意を確認するといった姿勢が求められる。

（3）メール依存症

　4年生のクラスでは，「メール依存症」に関する授業が行われた。仲のよい2人の女の子が，夜更かししてまでメールを送り合い，トラブルが生じる物語を読む。主人公は途中で眠くなり寝てしまうが，相手はメールを送ったのに返事がないことに対し「すぐにメールを返さないと友達じゃない」と腹を立てる。すぐにメールの返事がないことに対し不安に思い，腹を立てるほど精神的に追い込まれていることは，依存症に近い状況であることを確認した上で，どう対応していくか話し合う実践である。「すぐにメールを返さないと友達じゃない」という価値観は，他者との関係性の中で生まれてくるものである。送る側としては「メールはすぐに返事が返ってくるとは限らない」ということや「すぐに返事がなくても別に相手は悪気があるわけではない」という価値観を，他者と共有していく必要があることを学ぶ。

（4）情報の信憑性

　3年生のクラスでは，Webサイトにおける情報の信憑性について学ぶ授業が行われた。総合的な学習の時間で学ぶ福祉の学習に関連させ，盲導犬について調べるという状況が設定された。それに対し，教師が教材として作成したWebサイトを用いて擬似的に情報検索の体験をする。その中で，信頼のおけるサイトと信頼のおけないサイトがあることを学ぶ。また，調べた情報を他のサイトと照らし合わせてクロスチェックを行う方法を身に付けていく。単に疑ってかかるということではなく，発信者が誰なのかということに注目したり，どのような意図をもって作られたサイトなのかを考えたりすることに重きが置かれている（図5-1）。

図5-1　教師が教材として作成した擬似サイト

（5）送り手の存在

　２年生のクラスでは，個人情報漏洩の問題に関して学ぶ授業が行われた。「ある森が森林伐採でなくなろうとしています。その森に住んでいるリスが困っています。だから皆さん，名前と住所を書いて，署名して送ってください」という案内文を見せる。子どもたちは善意で「リスを助けたいから，署名して送ります」と反応するが，「ちょっと待って。署名を欲しいと言っているのはどんな人なのかな？」と問いかけることで送り手の存在と意図を考えさせる。最終的には，「自分の名前や住所といった個人情報は，みだりに教えてはいけない」ということを学ぶ学習である。善意をもつことはよいことだが，特にインターネット上でのやりとりにおいては匿名性を高めることが可能なため，信頼できる相手なのか，立場や意図を把握しにくい場合があるという注意を喚起する。

（6）情報を広める責任

　１年生のクラスでは，情報を広める責任について考える授業が行われた。図5-2に示した通り，「ある紙が落ちていて，その紙には『すごいよ！　ともだちからきいたんだけど，あした，えきまえのハンバーガーやさんで，ハンバーガーがむりょうでもらえるんだって。ともだちを３人つれていくと，ポテトもむりょうでもらえるんだって。いますぐ，たくさんのともだちにおしえてあげよう！』と書いてあったのだけれど，実際に行ってみたらもらえなかった。何でこんなことが起きたんだろうね」と考えさせる。誰が何のために発信した情報なのか考える。そして，信用してよい情報・信用できない情報，正しい情報・正

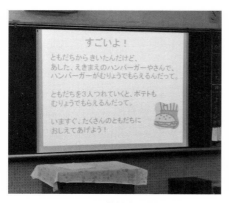

図5-2　教材文の提示

しくない情報があるということを学ぶ。また，善意で友達にこの情報を教えたり，友達３人を連れていくという条件に従って友達を連れて行ったりすれば，友達に迷惑をかける結果となる。確かではない情報を他の人に伝え，拡散させることによって，他の人にも迷惑をかけてしまうということを考えさせる授業である。

　これらはいずれも身近なメディアとコミュニケーションの問題として実際に起こり得る事象である。子ども達が，ネット社会で安全に過ごすために，自分自身で身を守るすべを身に付ける。あるいは，子ども達がもっと上手にコミュニケーションをとるようになって，ネット社会で望ましい行動をしてもらいたいという願いが込められた授業だといえる。

3．ソーシャルメディアをどう捉えるか

　インターネットの技術を利用して生み出されたソーシャルメディアは，現代社会に置いて大きな影響力を持つに至った。ソーシャルメディアとは，Facebook のような SNS（Social Networking Service），Twitter のようなミニブログ，LINE のようなメッセージ・通話アプリ，YouTube のような動画共有サイトなど，ユーザー同士が関わる中でコンテンツが生成されるという特徴をもつメディアのことである。運営会社によって仕組みやサービスは少しずつ異なるが，情報の閲覧，発信，評価（リプライ，いいね，問題報告などの機能），拡散（シェア，リツイートなどの機能）などによってコンテンツが生成される。例えば，自分が見たいと思う情報発信者の情報を一覧表示できるように特定のグループやコミュニティに参加したり，特定のユーザーをフォローして閲覧したりする。気に入ったものを「いいね」ボタンで評価したり，「リツイート」や「シェア」ボタンで自分の情報発信を閲覧しているフォロアーに共有したりすることができる。こうした仕組みは，ソーシャルメディアの種類によってそれぞれ独自の機能をもち，それを活かしたサービスが提供され，既存のメディアと連携したり，差別化したりしながらコミュニケーションの場が形成されている。

ソーシャルメディアの影響力が高まった現代は，ソーシャルメディア時代とも言える。ソーシャルメディア時代といっても，「ソーシャルメディアだけを使う時代」ということではない。様々なメディアに加えてソーシャルメディアの影響力が高まってきた時代のことである。そのため，従来のメディアに関して学ぶことの重要性は変わらない。それに加え，従来のメディアとソーシャルメディアの関係を捉えていくことが重要となる。既存のメディアになかったソーシャルメディアの特性を捉えることや，ソーシャルメディアの登場によって既存のメディアがどのように変化しているか学ぶことが重要である。

　新聞，雑誌，テレビ，ラジオなどのマスメディアは，同じ情報を広く伝えることができるところに特徴がある。その多くは企業として運営されており，新聞記者やテレビ番組のディレクターなど，それを職業とする人が送り手となり，読者や視聴者が受け手となる。一方，ソーシャルメディアの場合，運営者は情報プラットフォームとしての役割を果たし，それを使うユーザーが情報の内容を生み出す送り手の役割と受け手の役割両方を果たすことが多い。

　ユーザーは，一般の人はもちろんのこと，企業の広報担当者やマスメディア関連企業の場合もある。ソーシャルメディアの開発者・運営者は，一定の使い方を想定して機能を提供するが，それをどのように活用していくかは，ユーザーも関与することとなる。日々，新しい使い方が生み出されている。例えば，Twitter を利用してニュースを配信している新聞社もある。読者は，リンクをクリックすると新聞社のサイトで記事の詳細を読むことができる。記事には広告も表示されており新聞社は広告収入を得ている。紙の新聞を売店で販売したり，配達したりしていた時代から，Web サイトでデジタル化した新聞を購読できる時代になり，さらに記事によっては広告を見るかわりに無料で読むことができるようになった。こうした変化は，単に流通経路が増えたという話にとどまるものではない。

　先に述べたとおりソーシャルメディアでは，「いいね」ボタンで評価したり，「シェア」ボタンでつながりのあるユーザーと共有したりすることができる。フォローしているユーザーが生み出す情報が一覧表示されたタイムラインに

は，フォローしているユーザーが共有した情報も表示される。その情報を自分も共有すれば，それを広めることができる。人の判断によって共有されたものほど多くの人の目に入る。ひとつの記事の影響力は，その場に参加する人々が共有するかどうかに左右される。その分，共有されやすくするために表現が誇張されたり，感情に訴えかけるような表現が多く使われたりすることになる。根拠のないうわさ話は，興味をもたれやすく，他の人にも伝えたいと思われやすいことから，デマが拡散しやすい構造にもあるといえる。それだけに誰がなんのために発信した情報なのかを踏まえた上で，読み解く必要がある。また，それを拡散することがどのような影響力をもつのか考えて共有するかどうか慎重に判断する必要がある。

　ソーシャルメディアのもたらしたメディア環境の変化によって，「フェイクニュース」「ポスト・トゥルース」という言葉が注目されるようになった。「フェイクニュース」は，事実かどうかわからないことを事実のように伝えたニュースのことである。「ポスト・トゥルース」とは，客観的な事実よりも感情的な主張が影響力をもつような政治状況のことを意味する。政治家および政治に感心のある人や客観的な裏付けがない政治的な思想を感情に訴えかける方法で語り，同じような考えをもつ人々がそれに共鳴し，増幅される。ソーシャルメディアのもつ構造は，そうした現象を生じさせやすくさせたと考えることができる。(藤代　2017)

　また，フェイクニュースとの関連でいえば，AI技術を利用した映像の合成技術を用いることで作られる「ディープフェイク」と呼ばれる「にせものの映像」が，問題視されている。実際には，本人が発言していないことを発言したかのように見せる映像を作ることができるため，悪用されれば，混乱や争いが生じることになる。福長 (2019) は，ディープフェイクが政治的な対立者を貶めるプロパガンダやマイノリティーに対するヘイトに使われ，SNSで拡散するおそれがあると，その問題点を指摘している。私たちは，映像の合成技術が進化しているという知識はもっていても，目に見えて捉えられるものを真実と思い込みやすい。そうした新しい技術の存在を知るとともに，その技術をど

ように使う人がいるのか踏まえて，私たちを取り囲んでいるメディア環境のことを捉える必要がある。

　札幌市立稲穂小学校の山田秀哉教諭は，「5年社会これからの自動車づくり」の授業でFacebookを活用する試みを行った。この実践は，子ども達が考えた「未来の車」を紹介するリーフレットとプレゼン（プレゼンテーション）シートを制作するというものである。

　4名程度を1チームとして計7チームそれぞれが独自の会社から新車を発表するという設定で学習が進められた。新車の企画開発担当者となった子ども達は，現在どのような車が作られているのか，教科書，資料集，ホームページなどを調べて学ぶ（図5-3）。

　それを踏まえ，子ども達は，消費者のニーズを知るためのアンケートを作成する。そのアンケートは，学年の子ども達，学校の職員，保護者等といった身近かな人だけでなく，教師とFacebookでつながりのある遠方の協力者からも回答を得た。Facebook上で教師が協力を呼びかけ，それに応えた協力者約100名が参加登録をした。協力者の職種・年代・居住地域は多種多様であった。

　アンケート調査結果から，車選びの観点は大人と子どもで明らかな違いがあることがわかり，各グループが新車のアイデアを出す際に活かされた。子ども達は，未来の自動車像を絵に描き，その特長をまとめ，リーフレットを制作した（図5-4，図5-5）。

　完成した作品は，クラスでの発

図5-3　チームで調べてまとめる活動

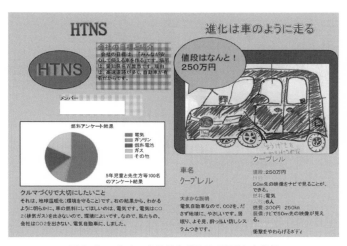

図 5-4　アンケート結果をグラフで表現した作品

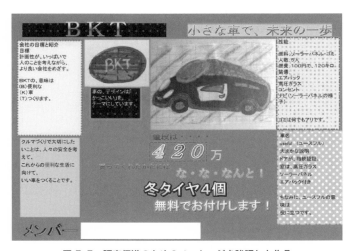

図 5-5　販売促進のためのメッセージを強調した作品

図5-6　発表会後の教師の振り返り

表会とは別に，Facebook のグループにもアップロードして，オンライン上でコメントを受け付けた。協力者からは，よい点を褒める感想や，さらによいものにするためのアドバイスを得ることができた（図5-6）。

　この実践は，「メディア・リテラシーの育成」を主たる目的としたものではない。しかし，子どもたちはインターネットというメディアがもたらす人と人との関わりについて実感をもって学ぶ機会を得ることができたと考えられる。教室にいながら（教師の知り合いとはいえ）顔も知らない多種多様な人間と関わりをもち，しかも，自分たちの課題を解決するためのヒントを得たり，アドバイスを受けたりすることができた。

　つまり，子ども達は，複雑な課題を解決するためのひとつの手段としてFacebook を活用できることを知った。それは，インターネットを介したコミュニケーションの特性について考える契機となる。そういう意味において，この実践はソーシャルメディア時代のメディア・リテラシーを育む実践であったといえるだろう。

■■ 5. コンピュータが生み出すメディア環境をどう捉えるか ■■

　インターネットが登場するまで，世の中で起こっていることの何を伝え，何を伝えないかということは，大手マスメディア企業がゲートキーパーの役割を担っていた。例えば，新聞社，テレビ局が，報道を担い，他社と切磋琢磨しながら，ユーザーが求めていると考えらえるニュースを選択し，魅力的に伝えてきた。現在では，インターネット上のニュースサイトがそのゲートキーパーの

一翼を担っている。ここでのニュースサイトとは，自社で取材して記事を書くのではなく，他社（新聞社やテレビ局などの報道機関）が作った記事を収集し，ユーザーが求めていると考えられるニュースを選択し，提供するものを意味する。重要だと思われる順番に順位付けして提示したり，関連ある記事にリンクを貼ったりすることになるため，何を見せ，何を見せないかというゲートキーパーの役割を担っている。さらに言うならば，プラットフォーム企業はAI技術を活用し，人々の行動などに関するビックデータを分析し，必要とされる情報（クリックして見てもらえる情報）は何か判断し，情報を提供している。私たちの頭の中にある現実の認識は，ソーシャルメディアのプラットフォームを提供する企業，そのコンピュータのアルゴリズムによって，その範囲が規定されているという事は少なくない。自分が見ているネットの世界は他の人と同じではない。例えば，個々に表示される検索結果は，パーソナライズされており，その人がクリックしそうなものが上位に表示される。自分の判断で参照するニュースや繋がりを持つ人を決めているつもりでも，それは限定された範囲のものから選択させられているのである。その外側には，広い情報環境が広がっているかもしれないということを知っておく必要があるだろう。

　こうした情報のパーソナライズには，AI技術が利用されるようになってきている。例えば，ニュース検索サービス「グーグルニュース」では，人工知能（AI）を活用して利用者の興味・関心と関連の深い記事を集めて表示してくれる（日刊工業新聞　2018）。このサービスでは，読者はニュースの全体像を知りたければ「関連するその他の記事」「ソーシャルメディア上の反応」「第三者による事実関係の検証結果」などを表示させることができるようになっている。しかし，広い情報環境の広がりを捉える必要性を理解して，意識的にそれを実行できるかどうかはユーザーのメディア・リテラシーによると言えるだろう。

　そのようなメディア環境において，近年，「フィルターバブル」という現象に警鐘をならす研究の知見が報告されている。フィルターバブルとは，各ユーザーが求める情報を予測して提供するアルゴリズムをもつSNSや検索サイトによって，まるで「泡」のように特定の情報に包まれ，そうでない情報から遮

断（フィルタリング）される現象である。このアルゴリズムは，個人の行動に関する情報（例えば，検索履歴，アクセス履歴，購買履歴，GPS履歴，誰をフォローしているか，どのような投稿に「いいね」をしたかなど）に基づき個人の趣向を判断して情報を提供する。(パリサー　2016)

　欲しい情報を推測して提供してくれる機能は便利な一方，本来であれば知り得た情報が得られなくなったり，関わりをもてたはずの人々とのつながりを分断することになる。インターネットは，これまで関わることがなかったような世界中の人々をつなげ，世界を広げてくれると期待された。しかし，実際には，人々とのつながりを分断する構造が生じている。

　似た思想をもった人同士がつながり，そうでない人同士を分断する環境が自然なものになる状況によって生じるのが，「エコーチェンバー現象」である。「エコーチェンバー」とは，音が反響する部屋のように，あるコミュニティの中で自分と似た思想に多く接することで，その考えが増幅され，外にあるコミュニティの考えよりも優位に感じられる現象のことである（津田・日比　2017）。こうした現象によって，人々は世の中に多様な考えがあることに気づきにくくなるとともに，異なる思想に触れた時に認め合ったり，対話して協調したりしづらくなり，混乱や争いが生じやすくなる。

　このようなフィルタリングを担うソーシャルメディアのプラットフォームを運営する人々が悪意をもってアルゴリズムを調整すれば，人間の思考や行動を思いのままに操ることも不可能ではない。こうしたプラットフォームやそれとつながりのある権力が暴走してアルゴリズムを悪用することがないように，民主主義の基盤として「フィルターバブルやエコーチェンバーを意識できる能力」を身につける必要がある。

6．メディアのあり方を考えるために

　以上のように新しいテクノロジーやサービスが生まれ，様々な使われ方がされることによって，人々のライフスタイルやコミュニケーションは変化してい

く。そして，それに応じた能力が求められることになる。

　ソーシャルメディアを活用することによって，価値観の異なる人同士がつながり，新しいコミュニティを作ることになる。そのため，人によって背景や文化，感じ方が異なるため，そのコミュニティにふさわしいのは，どのような内容や言葉遣いなのかということについては，他者の反応から推し量り，対話しながら決めていく必要がある。正解がひとつに決まるようなものではない。思想が似た人同士をつなげる環境において，異なる思想に触れた時に混乱や争いが生じないようにするためにはどうしたらよいか，社会全体で望ましいメディアのあり方について考えることが求められている。

　こうした問題について，「共通のルールを作ることで解決できることはないか」「ルールを作ることはせずに送り手，受け手の配慮で解決できることはないか」「運営サイドの仕組みで解決できることはないか」といったように解決方法を考え，議論し，行動していくことが求められる。その前提として，問題の所在を把握するためにメディア環境の変化を捉え，その特性を理解することが求められる。

　社会生活を豊かにする便利なサービスのはずが，人を縛り，不安にさせたり，不快にさせたりする社会的な構造が生まれている。その構造的な問題を解消する能力としてメディア・リテラシーが必要であり，そのためのメディア教育を充実したものにしていくことが望まれる。

06

イギリス・カナダ・日本における
メディア教育

1. メディア教育の背景にあるもの

　メディア・リテラシーを育む教育のことを，メディア教育，あるいは，メディア・リテラシー教育という。メディア教育は，いつ頃からはじまり，どのように発展してきたのだろうか。メディア教育が求められる背景は，時代ごと，地域ごとに異なる。また，メディア教育が求められる背景が異なれば，このメディア・リテラシーという複合的な能力に含まれる要素や意義も異なることが，先行研究から明らかとなっている。

　現代社会に求められるメディア・リテラシーについて捉え直す上でも，歴史的に蓄積されてきた取り組み，その成果と課題に学ぶ意義は大きい。特に何を目的としてきたのか，何を達成できたのか，課題はなかったのかといったことについて理解しておくことが重要であろう。

　本章では，早くから公教育にメディア教育を位置付けたイギリスおよびカナダ・オンタリオ州の例を取り上げながら，日本の取り組みを振り返り，それぞれの特徴を整理する。

2. イギリスにおけるメディア教育の歴史

　イギリスのメディア・リテラシーに関する研究や教育は，諸外国と比べ歴史的な蓄積があり，熱心に取り組まれていると言われている。それは，1989年から国が定める初等・中等教育のカリキュラムにおいて「国語 (English)」の中にメディア教育が位置付けられたことも理由のひとつであろう。また，中等

教育ではメディアについて専門的に学ぶ，独立した選択科目がある。映画を中心にメディアを学ぶ「映画とメディア研究」，メディアを総合的に学ぶ「メディア研究」，その上級レベルで大学入学資格試験の選択科目にもなっている「メディア研究上級レベル」である（菅谷 2000）。

この「メディア研究（メディア・スタディーズ）」という科目は，義務教育を終えるにあたり十分な学力がついているかどうかを判断する全国テスト GCSE（General Certificate of Secondary Education）の受験選択科目のひとつにも位置付けられている。

小柳ら（2002）は，イギリスにおけるメディア・リテラシー研究の代表的な研究者である，マスターマンとバッキンガムの立場の違いを検討しながら，時代に応じたメディア教育の展開と遺産について図 6-1 のように整理している。

このように 1930 年代～，1950 年代～，1970 年代～といったように 3 つの時

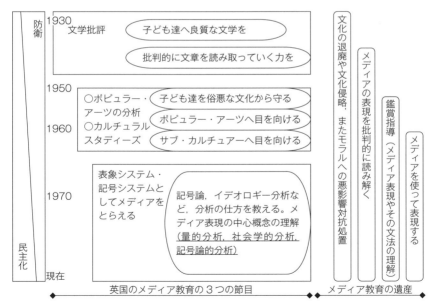

図 6-1　英国のメディア教育の展開と遺産（小柳ら　2002）

期に区分して考えてみると，メディアから自文化を保護する「防衛」を意図した能力を重視する考え方から，新しい時代の文化創造に関与する「民主化」を意図した能力を重視する考え方へと比重が移っていることがわかる。また，メディア教育の遺産として次の4つの教育アプローチが順番に蓄積されていったと整理されている。

①子どもたちを俗悪文化やマス・メディアから守る（防衛的）
②子どもたちに，マス・メディア等からの情報やその表現を分析し読み解いていく力をつける（分析的）
③情報やその表現に対するこれまでの自分の読み方そのものを批判的・反省的に捉えさせる（批判的）
④情報およびその表現などを社会的文脈などに即して考え，創造的にメディアとかかわっていく見通しを与える（創造的）

　このように，メディア・リテラシーの概念は，歴史的な変遷や様々な立場の考え方によって拡張されてきたことを理解しておく必要がある。以下では，どのような立場から，どのような主張が展開されてきたのか整理する。

（1）芸術・文学を重視する立場

　イギリスでメディア教育が始まった時期を1930年代に見出す研究者は少なくない。当時のメディア教育は，子ども達に良質な文学を与え，批判的に文章を読み解いていく力を目指した文学批評を主軸としたものであった。これは，「高尚」と「低俗」を区別する目を養い，「低俗」とされるものからは距離を置くことにより，「俗悪」な文化による文化侵略から子ども達を守り，啓蒙していこうとする考え方であった。

　ここで「俗悪」とされたものが，大衆文化としてのマスメディアである。当時は，タブロイド紙や映画などが普及するにつれて英文学などの教養文化が衰退するのではないかと危惧された。そのことに危機感を覚えた文芸評論家であ

るF. R. リーヴィスとデニス・トンプソンらは，文学を「高尚」な文化として，映画などは「低俗」な文化として位置付け，その価値を判別する目を養う教育をすべきだと主張した。広告や映画を学校教育の中で批評して，高尚文化と相対化するという教育実践が模索されたのである（Masterman 1985）。

彼らは，著書である『文化と環境──批判的な気づきのトレーニング』で，学校でマスメディアについて教えるための提案を行っている。ここでの大衆文化としてのメディアは，表面的な楽しさしか提供しないもの，さらに言えば有害な影響を及ぼすものとして捉えられていた。子どもがそれを識別し，マスメディアの商業的で巧みな操作に対して抵抗し，自分自身を守る力を身に付けることを通じて，偉大な芸術や文学作品にこそ本物の価値があると認識させることが，ここでのメディアを学ぶ目的であった（Buckingham 2003）。

（2）大衆文化の価値を認める立場

1950年代に入ると，リーヴィスらのような子ども達を防衛する「予防接種」型のメディア教育とは異なる立場が生まれる。それは，文化という概念を文学作品のように固定化されたものではなく「生活様式全般」として捉え，文化的表現は，高尚なものから日常的なものまであらゆる形態を認める立場である。そのことにより，ポピュラー・アーツとしてのメディアにも光が当てられるようになり，多様なメディアと積極的に関わる中で価値判断できることが重視されるようになった。さらに，1960年代には，サブ・カルチャーやカルチュラル・スタディーズの研究にも影響を受け，それまで「低俗」とみなされていたもの，とりわけ映画などの価値を認めることを前提としたメディア教育も行われるようになった。

こうしたメディア教育をイギリスの公教育に位置付けるために，様々な団体・研究機関が支援を行ってきた。その中でも特に英国映画協会（British Film Institute＝BFI）は，学校現場に対し，映像メディアに関する学習を支援する映像資料や教材パッケージ，授業プランの提供を行ってきた。BFIは，1933年に映画とテレビ文化に対する理解，認識，アクセスを促進するために設立され

た半官半民の組織で，イギリスの映画文化を活性化させることを目標に活動している。BFIの教育政策には「個人とイギリス文化のために映像メディアについて学ぶ価値を確立する」「あらゆる分野で，また，イギリス中で学習者が映像を理解し，楽しむことを促進する」「映像メディアのリテラシーを教育者，政策決定者，雇用者，社会の実践すべき義務まで引き上げる」の3つが挙げられている（藤井　2007）。

（3）イデオロギー批判を重視する立場

　1970年代以降になると，メディア教育は，メディアを表象システム・記号システムとして捉えて，記号論，イデオロギー批判，メディアの生産と消費に関する社会的な文脈などを観点として，メディアを分析することに重きが置かれるようになる。マスターマンは，記号論の分析方法を参考に，メディアの「隠された」イデオロギーを暴き出す体系的な分析を行うことを勧めた。マスターマンは，映画・スクリーン理論やカルチュラル・スタディーズなどの影響を受けながら，フレイレらの批判的教育学を参考に，またそれを批判的に乗り越えようとして，メディア・リテラシー教育を論じている（小柳ら　2002）。

　このように1980年代はメディア・リテラシー研究の理論化が，急速に進められた時代であった。イギリスのBFIとOU（Open University）が1991年に開発した「教師用リソース・パック」によれば，1960年代以降行われてきた(a) 解釈学的研究の流れ（Interpretive Tradition）(b) 社会科学研究の流れ(Social Science Tradition) (c) 映画・テレビ制作研究の流れ（Creative Tradition）という3つのメディア研究の流れが1980年代に接近し，共通の研究基盤を見出す中で，学際的な性格をもつメディア・リテラシー研究の領域が形成されてきたという（鈴木　1997）。

　以上のように，イギリスの中だけでも立場・目的・方法の異なる様々なアプローチから「メディアを学ぶ」ということに取り組まれていることがわかる。例えば，「 子どもが，メディアについて主観的な判断から抜け出すように手助けするべき」というようにイデオロギー批判を重視する主張に対し，そのこと

で「メディア・リテラシー教育が文化的価値や美学的判断の問題を軽んじ，または周縁化してきた」という反論がなされることもある (Buckingham 2003)。民主主義を確立させるためにメディアを学ぶことと，よい映画を鑑賞・制作するためにメディアを学ぶことは，それぞれどちらにも重要性は認められるが，その目的や方向性は異なる。こうした異なる立場が混在することによって，互いに「あなたの言っているのは，メディア・リテラシーではない」というような対立が生じることさえあり得る。

　イギリスのメディア・リテラシー教育の特徴を一言で表すのは難しい。菅谷 (2000) は，あえて言うならばイギリスのメディア・リテラシー教育は「メディアを理解し，それによって文化を育むといった視点から捉えられている」点を挙げている。つまり，単にメディアを悪いものとし，その悪影響から子どもを守るという立場ではなく，目の肥えたユーザーを育てることでメディアの質的向上を図り，そのメディアによって形成される文化を大切にしていこうとするところに特徴があるといえる。

3. カナダにおけるメディア教育の歴史

　1960 年代，カナダではメディア論の研究が盛んに行われていた。代表的な研究者であるマーシャル・マクルーハンは「テレビに代表される新しい電気メディアが，活字メディアに枠付けられた人間の思考様式，身体感覚をもみほぐし，活字以前の口承メディアがもっていたような状況に回帰するようなかたちで新たな次元を迎える」といったメディア論を展開した (水越 1999)。

　1960 年代後半，メディア教育は「スクリーン・エデュケーション (映画教育)」の名のもとに取り組まれつつあった。そして，その後の予算削減と「基礎へ帰れ運動 (back-to-basic)」の中で，1970 年代初期にはこの動きは一旦途切れることとなった (ダンカンら 2003)。しかし，1970 年代以降，マクルーハンの影響を受けた教師たちが，独自にメディア教育を展開することとなる。1978年には，そうした教師たちが中心となってメディア・リテラシー協会

（Association for Media Literacy＝AML）が設立された。その創設者，バリー・ダン
カンも高校の教師であった。彼は，マクルーハンの教え子であったこともあ
り，メディア社会に対しての問題意識を人一倍もっていたと考えられている。
当初は 20 数名の教師たちの集まりであったが，最盛期には 1000 名を擁するま
でになった（鈴木　2001）。

　AML がメディア・リテラシー教育の重要性を訴え，実践的な取り組みを行
う中で，カナダにおけるメディア・リテラシー教育は 1980 年代に急速に発展
していった。その発展を後押しした要因のひとつには，メディア環境の変化が
あった。1980 年代は衛星放送やケーブルテレビなどが発達した時代である。
アメリカとカナダは陸続きで言葉も理解できることから，アメリカの大衆文化
が国境を越えてカナダにもち込まれていった。そのことに対して，カナダ人の
中にはアメリカの商業主義的な広告や暴力的な映像などによって，カナダ人の
アイデンティティや文化に悪影響があるのではないかと危惧する者もいた。こ
のようなアメリカから流入してくるマスメディアに対して抵抗力をつけ，カナ
ダの文化を大切に保護しようとする社会的気運が高まり，「メディアの悪影響
から子どもを守る」教育の意義が主張された。オンタリオ州でメディア教育が
公教育に位置付いたのには，① AML の努力，②メディアの変化（ケーブルテレ
ビの普及など）に対する危機意識をもった社会的土壌，③教育省がカリキュラム
改定を予定していたことなどが重なったことによるものと菅谷（2000）は分析
している。

　このような背景のもと，1987 年，オンタリオ州でメディア・リテラシー教
育が世界ではじめて公教育として取り入れられるようになった。オンタリオ州
の教育省は，新たなガイドラインの中で，正規の英語教育カリキュラムの一部
としてメディア教育の重要性について強調した。1995 年，オンタリオ州の教
育省は学習内容と学習時期についてのアウトラインを作成した。1998 年にオ
ンタリオの言語教育カリキュラムはさらに修正されて，第 1 学年から第 12 学
年までの初等・中等教育において，メディア教育は必修科目とされた（ダンカ
ンら　2003）。

メディア教育が公教育として実施されることに伴い，1989年にオンタリオ州教育省が教師向け「メディア・リテラシー・リソースガイド (Media Literacy：Resource Guide)」を発行した (Ontario Ministry of Education　1989)。AML のメンバーは，オンタリオ州教育省に協力して，このリソースガイドの編纂に関わった。また，それを使ったワークショップなども展開し，メディア・リテラシー教育を推進してきた。

　このリソースガイドでは，何を取り上げ，どう教えるのかという実践のためのレッスンプランなど数多くまとめられているだけでなく，序章では「メディア・リテラシーの概念」や「授業方法についての理論」にも触れられている。その中でメディア・リテラシーは「マスメディアの理解と利用のプロセスを扱うもの」と述べられており，当時は，マスメディアと個人の関係性の中で，メディア・リテラシーが捉えられていたことがわかる。そして，メディア・リテラシー教育の目標は「メディアに関して，その力と弱点を理解し，歪みと優先事項，役割と効果，芸術的技法と策略，等を含む理解を身に付けた子どもを育成すること」であり，「単に，より深い理解や意識化の促進にあるのではなくて，クリティカルな主体性の確立にある」としている。

　メディア・リテラシー教育において，メディア分析を行うには，そのための素材が必要となる。雑誌や新聞を収集したり，テレビを録画したりして準備する必要があるが，目標に即した映像を収集することはなかなか難しい。そこで，放送局や制作会社などの協力が必要になる。例えば，国営機関の NFB (National Film Board) は，『イメージと意味 (1988年)』『メディアと社会 (1990年)』『現実を構成する (1993年)』などのビデオ教材と教師用ガイドを開発した。また，1997年，ビデオ教材と教師用ガイドのパッケージである『Scanning Television』が制作された。これには，AML のメンバーであるジョン・プンジェンテ，ニール・アンダーセンらが関わっている。

　上杉 (2008) は，「カナダ・オンタリオ州のメディア・リテラシー教育は，イギリスのメディア教育の影響を受けながら発展してきた。しかし，イギリスと異なり，イデオロギー批判を展開したマスターマンの教育学に学んだ教師たち

によって，1980年代半ばから今日に至るまで，マスメディアの商業主義的性格に焦点を当てたメディア・リテラシー教育実践が続けられているところに，その特徴が認められる」と分析している。イギリスが大衆文化研究にも力を入れるようになった一方，カナダではメディアの商業主義的性格に焦点を当てたメディア・リテラシー教育を重視しているという捉え方である。

4. 日本におけるメディア教育の歴史

　日本では，「メディア・リテラシー」という用語はいまだにそれほど一般的なものではない。イギリスやカナダと異なり，現在でも公教育として取り組むことが学習指導要領には記載されていない。しかし，マスコミ分野に関わる人々，メディアと人間との関わりを研究してきた研究者，メディアを学ぶ重要性を理解する教育関係者の中では，地道な研究や実践が蓄積されてきている。

　実は，日本でのメディア・リテラシーに関する取り組みは，メディア・リテラシーという言葉を用いていなかったにしても，古くから存在していたと考えられている。例えば，テレビが普及する以前の1950年代から，西本三十二は「ラジオをいかに聴き利用するか学校教育にも考慮されるべきである」と主張していた（村川　1985）。そして，テレビが普及していった1960年代以降，番組の批判能力の育成や，情報収集，選択，処理能力の育成にまで言及して，映像教育の必要性を提唱する識者も現れ，数は少ないが教育実践もみられたという。

　また，学校教育ではなく社会教育の場において，メディア・リテラシーの重要性を訴える立場もあった。例えば，1977年に設立された市民団体「FCT市民のメディア・フォーラム」は，視聴者・研究者・メディアの作り手が，社会を構成する一人ひとりの市民として集い，メディアをめぐる多様な問題について語り合い，実証的研究と実践的活動を積み重ねていくための広場（フォーラム）を作ることを理念に活動を続けてきた。オンタリオ州が出版した「メディア・リテラシー・リソースガイド（Ontario Ministry of Education, 1989）」の翻

訳を行い出版するなど，特にカナダにおけるメディア・リテラシーの取り組み
を日本に持ち込み，主に社会教育の場で，その重要性を指摘してきた。

　1980年代には，学校教育において放送教育・視聴覚教育の研究者と現場教
師が協力し，送り手の意図と受け手の理解を追究する映像視聴能力の研究が行
われた。特に，水越敏行・吉田貞介を中心とした研究グループは，多くの実証
的な知見の蓄積を行ってきた（例えば，水越　1981，吉田　1985など）。

　そして，1982年にドイツでユネスコが主催した，「マスメディアの利用にお
ける公衆の教育に関する国際会議」において採択された「メディア教育に関す
るグリュンバルト宣言」は，日本の教育研究者にも大きな影響を与えたとされ
る。グリュンバルト宣言は，様々な国から50名ほどのメディア教育専門家が
集まり，メディア利用に関する教育，メディアそのものについての教育の現状
やメディアの社会的な影響力について議論され，まとめられた宣言文である。
これを受けて，特にこの時期坂元昂の研究グループは日本のメディア・リテラ
シー教育に関する研究開発を行い，多くの成果を残している（坂元1986）。

　1990年代になると，技術的な進歩によってパソコンが多機能化し，マルチ
メディアやインターネットなどの技術をどのように活かせるのかという可能性
が模索されていった。当時，市川（1997）は，「メディア・リテラシーが日本で
取り沙汰されはじめたのは，マルチメディアなどの登場に刺激されてのこと」
という，ひとつの見方を示している。

　その波は教育業界にも打ち寄せていた。それまでコンピュータの教育利用と
いえば計算機であり，プログラムによる機械制御であり，CAI（Computer
Assisted Instruction）などのティーチングマシンとしての使われ方が主流であっ
た。文字入力や描画も可能ではあったが，表現力に乏しいものであった。しか
し，マルチメディアパソコンが登場し，表現する道具としての機能が加わった
ことにより，メディアを介した送り手と受け手の関係性がそこに生まれること
となった。学習者が，この装置をいかに使いこなし，自分の考えをまとめ，表
現していくか，情報教育を推進する流れとともに実践的な研究も行われた（例
えば，佐伯・苅宿・佐藤・NHK　1993，田中　1995，木原・山口　1996など）。

また，インターネットの登場は，さらにその勢いを強めた。世界中のコンピュータがネットワークで結ばれ，ハイパーメディアという構造の中で，マルチメディア情報がやり取りされる。情報が価値をもつ社会の到来が叫ばれ，未来の社会で生きていくために情報通信メディアを活用する能力の重要性が語られるようになった。例えば，情報社会に氾濫する情報に流されないための情報収集・判断能力や，個人が情報を表現し発信していく能力の重要性である。

　これは，その後，「情報活用能力」の一部として情報教育が担うものとなる。しかし，情報教育はコンピュータの導入とともに学校教育に取り込まれたがために，その当時はコンピュータの操作技能の習得に比重が置かれていた。そのため，情報教育は，従来の日本のメディア・リテラシー研究から参考にできる知見があるにもかかわらず，それを活かしきれているとは言い難いものであった。

　また1990年代は，マスメディアによる「捏造」や「誤報」の問題が社会問題としてクローズアップされた時代でもある。制作者のモラルが取りざたされるとともに，受け手による批判的な判断力を高めるための議論がもち上がった。この流れを受け，旧郵政省（2000）は「放送分野における青少年とメディア・リテラシーに関する調査研究会報告書」を出した。これは，「放送分野における」と限定されてはいるが，日本ではじめて公的な機関がメディア・リテラシーの問題を取り上げたという点で大きな意味をもっている。これは，日本でのメディア・リテラシー研究を活発化させた要因のひとつと言える。

　2000年には，「授業づくりネットワーク」という教師が中心の団体で，「メディアリテラシー教育研究会」が継続的に開かれるようになり，メディア・リテラシーを育む教育に関する研究と実践事例の蓄積が行われた。さらにこの年東京大学大学院情報学環では水越伸・山内祐平を中心に，メディアに媒介された「表現」と「学び」，そしてメディア・リテラシーについての実践的な研究を目的とした，メルプロジェクト（Media Expression, Learning and Literacy Project）が立ち上げられ，数多くの実践と成果が残された。その間，メルプロジェクトは，社団法人日本民間放送連盟（民放連）と協力して，子どもたちに

テレビ番組の制作と放送を実際に経験してもらうことでメディア・リテラシーを学ぶ「民放連メディアリテラシー・プロジェクト」を 2001-2002 年度にわたり実施した（東京大学情報学環メルプロジェクト・社団法人民間放送連盟　2005）。

　その後，メルプロジェクトは 2006 年度で一旦終了する。そして，その理念は 2007 年度に発足したメル・プラッツに受け継がれた。メルプロジェクトが，メディア表現やリテラシーについての実践的な研究を生み出すプロジェクトの集合体であったのに対し，メル・プラッツは，様々な人々によって国内外で行われている多くの「活動」を紹介し合い，共に語り考える“コミュニティ・スペース”を目指し，数多くの研究会を開催し，2012 年度に活動を休止した。（本橋　2009）。

　このころから，特にメディア・リテラシー教育を意識した NHK 学校放送番組も制作されるようになる。例えば，「しらべてまとめて伝えよう〜メディア入門〜（2000 年度〜2004 年度）」「体験メディアの ABC（2001 年度〜2003 年度）」「10min. ボックス　情報・メディア（2007 年度〜2013 年度）」「メディアのめ（2012 年度〜2016 年度）」「メディアタイムズ（2017 年度〜2020 年度現在継続中）」などの番組が放送されてきた。公共放送が，メディアを学ぶ番組の必要性を理解して放送してきた意義は大きい。

　このように，様々な団体・研究者・教育実践者の間で，メディア・リテラシーへの取り組みが蓄積されてきた。それらに対して水越（1999）は、メディア・リテラシー論の系譜として「1．マスメディア批判の理論と実践」「2．学校教育の理論と実践」「3．情報産業の生産・消費のメカニズム」というように、異なる立場の取り組みがあったと整理している。

　2015 年には，日本教育工学会における SIG（Special Interest Group）のひとつとして，「メディア・リテラシー，メディア教育」のグループが設置された（https://www.jset.gr.jp/sig/sig08.html）。多様な立場で継続的に行われてきた研究知見を体系的に整理するとともに，個々の研究を加速させ，現代的な課題に対応しうる新しい成果を生み出すために，研究交流が行われている。

　では，公教育の位置づけについては，どうだろうか。日本の学習指導要領に

は，「メディア・リテラシー」という言葉は使われていないが，文部科学省の検定を受けた教科書の中には，「メディア・リテラシー」という用語を使っているものもある。また，その能力を構成する要素のいくつかは，各教科・領域における指導事項との関連を認めることができる。様々な教科・領域の実践でメディア・リテラシーの構成要素を部分的に育むことができる状況にはある。

　以上のことから日本においても，メディア・リテラシーは，現代社会を生きる上で必要とされる能力として捉えられているといえる。また，メディア・リテラシーを育むメディア教育の必要性についても理解されているといえる。しかし，体系的な実践が確実に行われるためには，より明確な公教育への位置づけが示される必要があるといえる。

5. 歴史的な蓄積をどう活かすか

　以上のように，イギリス，カナダ，日本の歴史的な系譜を整理していく中で明らかになったのは，メディア・リテラシーに関して取り組む人々，活動，目的の多様性である。まず，それぞれの国において，メディア・リテラシー教育が求められる背景・社会状況が異なるということがある。また，国ごとに考えてみても，時代ごとにメディア環境が変化していることや，多様な立場のもとで多様な意義が主張されてきたことがわかる。それぞれが，それぞれの立場でメディア・リテラシーに関する取り組みを行ってきたのである。

　このような多様性は，今後のメディア・リテラシー研究にとって，強みにも弱みにもなる。メディア・リテラシーの今ある姿を批判的に検討し，新たな発展を遂げるために，それぞれの知見を活かせることが強みとなる。それに対して弱みとなるのは，混乱したまま特定の概念だけが強調されたり，別の文脈で同じ概念が使われたりすることによって，その意義すら薄れていってしまうことである。私達に求められることは，先人達の営みを捉え，活かすことである。そして，ある部分では異なる立場の考え方を認め合い，ある部分では議論する中で共通の認識を確認していくこと，そして，状況に応じて，「今生きる

社会において求められるメディア・リテラシー」を捉え直すことであるといえるだろう。

　今，私達のメディア環境は大きく変わりつつある。特に，パソコン，インターネット，ビデオカメラ，スマートフォンなどの普及・簡易化は目覚ましく，日常のメディア利用やコミュニケーション，ライフスタイルや価値観にも大きな影響を及ぼしてきている。主要なマスメディアの影響力が衰えたわけではないが，明らかに新しい質が食い込んできていることを踏まえる必要がある。これまでの多様な蓄積に学びつつ，今自分達が置かれている状況において求められるメディア・リテラシーについて捉え直していくことが重要である。

07

先駆的モデル，
フィンランドのメディア教育

1. メディア・リテラシーに関する調査レポート

　2009年，「Study Assessment Criteria for Media Literacy Levels」という調査レポートが公開された。この調査は，メディア・リテラシーに関する尺度を作成し，得点化することによってEU諸国それぞれのレベルを数量的に示そうとしたものである（図7-1）。

　さすがに，メディア・リテラシーの教育に古くから取り組んでいた歴史的経緯があるイギリスは，「Media Literacy Context」の項目において突出したス

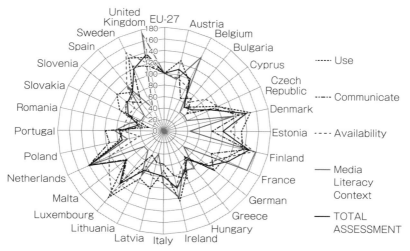

図7-1　EU諸国におけるメディア・リテラシーに関わる調査の結果

コアを獲得していることがわかる。しかし，この調査において，総合得点でトップにたったのは，フィンランドであった。

　この調査で用いられた指標の構造を図 7-2 に示した。必ずしもこれが絶対的な指標というわけではないが，EU 諸国が，メディア・リテラシーの構成要素とそれを取り巻く環境として，どのような観点を重視しているのかわかる構造図である。

　全体としては，個人の能力と，それを取り巻く環境的要因に大別されている。まず，個人の能力は，「(1) コミュニケーション能力」「(2) クリティカルな理解力」「(3) 利用スキル」で構成されている。これらは，(1) に近いほど社会的な能力であり，(3) に近いほどパーソナルな能力として図示されている。そして，環境的要因は，「(4) メディア利用の可能性」と「(5) メディア・リテラシーの文脈」で構成されている。以下では，この 5 つの評価の観点に関して詳しく検討する。

(1) コミュニケーション能力

　コミュニケーション能力は，社会に「参加」することや他者と「社会的関係」を築けること，「コンテンツの制作・創造」などという形で社会に働きかける能力として示されている。他者との関わりは社会形成に大きな影響力をもつことから，土台がなければ成立しない高次なものとして位置付けられている。

(2) クリティカルな理解力

　クリティカルな理解力は，なんでも鵜呑みにせず，送り手の意図を論拠として，情報の偏りを判断できる能力である。その判断ができるためには，「メディアコンテンツの理解」「メディアとメディア規制に関する知識」だけでなく「利用者の行動（ウェブ）」を知ることも必要とされている。

（3）利用スキル

利用スキルには，「バランスのよい積極的なメディア利用ができること」だけではなく，「コンピュータおよびインターネットのスキル」や「上級レベルのインターネット利用」も明確に位置付けられている。マスメディアだけでなく，インターネットの影響力が社会的に大きくなっていることを意識した構成要素だと言えるだろう。

（4）メディア利用の可能性

メディア利用の可能性として，「新聞」「ラジオ」「テレビ」「映画」「携帯電話」「インターネット」などが挙げられている。例えば，昔はなかった携帯電話が生まれ，新しいコミュニケーションのあり方・ライフスタイル・価値観が生まれてきた。多様なメディアを利用できる環境においてこそ，それに関するメディア・リテラシーは育まれるし，求められることにもなる。

（5）メディア・リテラシーの文脈

メディア・リテラシーに関する活動に取り組む文脈があるかについては，学校や社会教育の中で「メディア教育」を実践できるか，また，「メディア・リテラシー政策」や「メディア産業」のように国や企業の取り組みがあるかが重要であると考えられている。また，メディア・リテラシーは民主国家の根幹をなすものとも言われているが，そうした「市民社会」が成熟しているかということも観点となっている。

以上のような構成要素においてメディア・リテラシーのレベルが高いと判断されたフィンランドでは，どのような教育が行われているのだろうか。メディア教育に限らず，フィンランドは，ここ数年，世界的な学力調査でも常にトップクラスにあり，多くの国から注目を浴びた国でもある。基礎的な学力レベルがこの結果をもたらしたとみることもできるが，メディア教育の目標をどう設定し，どのような実践を行っているかということも注目に値するだろう。

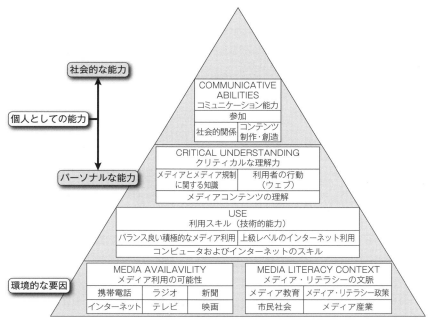

注：欧州委員会委託研究の報告書 *Study Assessment Criteria for Media Literacy Levels, Final Report*（2009 年 10 月）P8 のグラフ "Structure of Media Litearcy Assessment Criteria" を訳出したものである。

図 7-2　欧州委員会委託研究に関する評価規準の構造　（訳：小平さち子（2012）より作成）

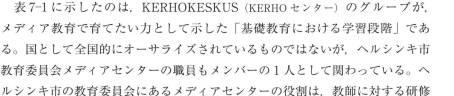

2.　学習到達目標の特色

　表 7-1 に示したのは，KERHOKESKUS（KERHO センター）のグループが，メディア教育で育てたい力として示した「基礎教育における学習段階」である。国として全国的にオーサライズされているものではないが，ヘルシンキ市教育委員会メディアセンターの職員もメンバーの 1 人として関わっている。ヘルシンキ市の教育委員会にあるメディアセンターの役割は，教師に対する研修を行うことである。メディア教育は昔からあるものではないため，どのように教えたらよいのかわからない，あるいは，学習者に映像制作を学ばせたいもの

の，その技術がないといった教師達が，メディアの知識を学んだり，技術的トレーニングを積んだりすることができる。この資料からも，フィンランドの社会，教育で何を重視しているのかを読み取ることができる。柱となっているのは，「創造的・審美的なスキル」「コラボレーションスキル」「批判的な思考スキル」「安全に関するスキル」の4つである。それぞれ少し軸の違ったこれらの力を複合的な力として育てていくことが目標とされている。それをグレード（小学校の低・中・高学年，中学校，高等学校）の系統性に沿って，発達の段階に合わせて身に付けさせていこうとする見取図がこの表である。

　まず，「創造的・審美的なスキル」は，表現する活動を通じて学習者に身に付けさせたい創造力や美的感覚に関するスキルである。次に，「コラボレーションスキル」は，グループで協調して作品を制作することから育まれるスキルである。例えば，ドラマであれば，監督，脚本家，カメラマン，役者など，役割を分担し，それぞれに専門性を発揮して制作される。また，「批判的な思考スキル」のように，情報を鵜呑みにするのではなく物事の背景にある状況を考え，判断していくスキルなどがある。さらに，「安全に関するスキル」として，メディアというのは何も意識しないでその世界に飛び込むと危険な目に合うかもしれないため，そこから学習者を守る，あるいは，自分で身が守れるようにするための安全教育という項目がひとつの柱とされている。

　このような学習到達目標を作成することは，普及の面でも，教育現場の理解という意味でも重要な営みといえる。この中でも「創造的・審美的なスキル」に関しては，デザイン，ものづくりで高い評価を得てきたフィンランドの特色が表れていると考えられる。個性やスタイルを重視するとともに，新しい環境・社会を生み出す能力は，異なる文化をもった人々が協力して複雑な課題を解決していかなければならない国際社会においても，高く評価される能力であると言えよう。

表 7-1　メディアスキル　基礎教育における学習段階（KERHOKESKUS　2011）

	創造的・審美的なスキル	コラボレーションスキル	批判的な思考スキル	安全に関するスキル
グレード 1~2	物語の型を理解し，自分で物語を作ることができる。自分の経験や感情を物語に反映させることができる。	メディアに関わる役割を認識し，演じ，交代できる。共感と反省の気持ちをもつことができる。	事実とフィクションの区別，広告とそうでないものとの区別ができる。	大人が支援できる状況でメディアを活用できる。メディアコンテンツの年齢制限に関して理解できる。
グレード 3~4	情報の仲介者として，単語，画像，音楽で感情を表現できる。	様々なメディアを理解する視点，会話能力をもち，言葉で根拠を述べることができる。	ジャンルや物語を理解できる。メディアの内容が，送り手の選択の結果であることを理解できる。	セキュリティとプライバシーの面でインターネットを安全に使うことができる。
グレード 5~6	独自にメディアを概念化し，メディアを味わうことができる。	同等な立場で相互に学び合うことができる。言論の自由を理解し，「公」とそうでないものを区別できる。	メディアの言説や背景知識の構造を理解できる。情報を分析し管理できる。	インターネットで，慎重に，丁寧に振る舞うことができる。
グレード 7~8	メッセージを分析的，倫理的に考えることができる。メディアの価値観と自分自身の態度を理解できる。	メディアの特性を理解できる。実験やロールプレイングができる。	ステレオタイプのメディア・メッセージに疑問をもち，分析できる。	ユーザーの権利と義務に関するメディア関連の法律を理解できる。
グレード 9	独自の個性やスタイルだけでなく，環境を創出することができる。知的財産権について理解できる。	市民文化に関わり影響を与えることができる。	過去の経験を活かしてメディアの内容を理解できる。商業的，政治的，イデオロギー的な側面をもつ内容に気付くことができる。	多様なメディア・コンテンツやサービスを，法律を守って利用できる。
	独自の表現や自分の声を見つけ，使うことができる。	自己を確立し，他者と相互作用することができる。	メディアと文化を批判的に捉え，合意形成に活かすことができる。	状況に応じて，安全に，適切にメディアを使用できる。

　次に，具体的な実践事例を紹介しながらフィンランドにおけるメディア教育の特徴について考えていく。なお，フィンランドには学習指導要領のような一定程度全国共通の教育目標はあるが，授業実践をどう組み立てるかは，教師の裁量に任されている。そのため，ここで紹介する実践内容をどの学校でも共通にやっているというわけではない。多くは，教師の創意工夫によって成り立っているものであることを理解しておく必要がある。それを踏まえた上で，実践事例を分析することは，フィンランドのメディア教育に通底する理念や方法を知るために有効だと考える。

(1) 絵（写真）を読む「国語」

　エスポー市立ラハヌス小学校（LAHNUKSEN KOULU）では，「絵（写真）を読む」という活動が行われていた。担任の教師は学習者に新聞を配り，好きな写真を選んで切り取らせ，それを選んだ理由とそこから読み取れることなどを質問する。この新聞は，小学校6年生が読むには非常に難しい文章であり，それは教師も十分理解している。学習者は実物投影機（OHC）とプロジェクターを使って選んだものを発表していた。

　フィンランドの教育のひとつの特徴は，教師からの執拗とも思えるほどに繰り返される「問いかけ」である。例えば，ある写真に対し，「この一番手前の人はどういう気持ちなの？」と言った問いかけをする。学習者は，想像して答える。どういう答えでも間違いではなく，まずは想像力を働かせて，答えることが重要とされる。想像力といっても，空想の世界の話ではない。学習者は回答するために写真から様々な情報を読み解き，それを論拠として回答する。例えば，「足に火が付いているから熱いと感じているのではないか」といったことを読み取る。そして，その人がどういう人なのか，どんな気持ちなのかまで想像して発言する。教師から次々と発せられる「どんな？」「この後どうなったと思う？」「なぜこうなってしまったと思う？」というような問いかけによ

って，さらに学習者の想像力が引き出されていく（図7-3）。

図7-3　写真に対する発問を繰り返す場面

日本の教育現場では，長らく一定の「正解」を求める試験対策が重視されてきた。そのため，どこかに正解を求め，答えがない問いの場合でもよい答えを言った子を褒め，それが正解の回答例という雰囲気になってしまう場合がある。フィンランドの教育における発問は，答えはないが，たくましい想像力で，あるいは明確な論拠をもって，「この写真のこういうところから判断するに，こう考える」というような，論理的な説明能力を身に付けさせることにつながっていると推察される。

このような「絵（写真）を読む」という学習は国語の時間に行われることが多い。国語というと日本の学習指導要領に示されている目標は，「話すこと・聞くこと」「書くこと」「読むこと」であり，漢字の書き取りや正しい日本語の文法等を習得することも重視される。同じ社会を生きる人々とコミュニケーションをとるために，あるいは，過去からの知を伝承するために，国民が共通の言語体系を身に付けることは重要である。しかし，日常的・社会的なコミュニケーションの中で言葉が使われる場面を考えてみると，言葉と映像は切り離せないものであることがわかってくる。またキャッチコピーや見出しなどで使われる言葉は，文法的に正しい日本語とは言えない場合もある。こうしたことを考えると，「学習」と「日常」の間には隔たりがあり，習得した知識や技能が日常生活で活用できないということが危惧される。そのため，最近では，日本の学校教育でも，映像と言語を組み合わせた言語活動を重視するような目標が示され，学習者が映像を使って説明をする活動を取り入れた授業内容が増えてきている。

（2）写真とキャプションの関係を吟味する「国語」

　同校では，この「絵（写真）を読む」授業に続けて，写真とキャプションの関係を分析する授業が実践された。教師は，机の上に雑誌の写真の切り抜きを置き，学習者にはキャプションの「切り抜き」だけを渡す。そして，そのキャプションに対応する写真を当てさせる。学習者は，まず，言葉を見て何が書いてあるか，何が伝えたかったかなど頭の中でイメージして考え，考えたものに当てはまる写真を探して合わせていく。合わせるには何か理由がいるため論拠を説明する力が育まれる。このようなことをグループで対話しながら行うので，ある種の協働的な学習の場面が生じることになる。そして，キャプションの言葉はどのようなものが望ましいのか話し合う。単に写真を説明するものより，写真ではわからないことを説明しているもののほうが優れているという意見がでるなど，写真と言葉の関係を学ぶ国語の授業が展開される。

　話し合いの中で自分の考えを他者に伝える。もしかすると自分が考えなかったようなことを他の人が考え，言ってくれるかもしれない。そこで自分のものの見方・考え方が広がっていく。そこには，相手を認め合いながら，高め合う授業が成立していた。

（3）映像のジャンルや目的を学ぶ「国語」

　さらに，この学校では，映像制作の実践も行われていた。学習者の制作したドラマ作品の中に「呪いの首かざり」というタイトルで，少女が道に落ちていた首飾りを身に付けたところ，不運な出来事が続けて起こるというストーリーの作品があった。これは，タイトルに反してコミカルな演技が特徴的な作品であった（図7-4）。メディアの中には報道のように出来事を伝えることを目的としたものもあれば，人を楽しませるような映画やバラエティ番組のようなものもある。娯楽のためのドラマは，文化的な価値をもった作品である。ちなみに，フィンランドの小学校における国語教育は，日本の説明文のようなものはほとんどなく，物語文を題材にしたものが多い。物語を読んだり，物語を書いたりして生活に必要な言葉を身に付けていくということもひとつの特徴であ

る。

この学校では，ドラマだけでな
く，別の映像作品「私たちにとっ
て森は大切であるというメッセー
ジを伝えるためのドキュメンタリ
ー番組」を作るという実践も行わ
れていた。この場合，人を楽しま
せる空想上の物語ではなく，現実
の問題について伝える作品を制作
することになる。ジャンルが異な

図7-4　ドラマ作品「呪いの首かざり」

ると表現方法も変わることを複数のジャンルを体験しながら学ぶことができ
る。

　なお，映像制作に関しては，どの学校でも行われているわけではなく，そう
した活動が大事だと考える教師が実践している。その点は，日本も同様であ
り，日本でも映像制作活動を授業に取り入れている教師もいる。

（4）ICT による課題解決学習を行う「生物と地理」

　ヴァンター市立パハキナリンネ小学校（PÄHKINÄRINTEEN KOULU）では，
「生物と地理」という教科の授業でメディア教育が行われていた。日本の感覚
では「理系の科目」と「文系の科目」というように分けて考えそうな2つの内
容を関連させて学んでいる。例えば，「こういう気候だからこそ生息できる生
物」といったような関連がある。この2つの組み合わせを意外と感じること自
体，日本の価値観に縛られていることに気付かされる。教科を細分化するか，
統合的に教えるか，どちらが正しいとは言えない。少なくとも現行のフィンラ
ンドのカリキュラムの中では，国語の中でも美術に関わる話が出てくるなど，
教科の内容をできるだけ関連させて横断的に取り扱うことが重要だと考えてい
ることがわかる。

　ここで紹介するのは，ヨーロッパ諸国に関する学習である。学習者は，フィ

ンランド以外のヨーロッパ諸国について調べて，まとめて，発表する。人口，国旗，気候，文化，その他にもその国を象徴するような特徴について，インターネットを駆使して素材を集め，パソコンの中で複数枚のスライドを作り上げていく。学習者は，教科書を参考にしたり，Wikipedia や Google の画像検索など，Web サイトで

図7-5　画像検索を駆使する学習者

情報を収集したりする。中には Youtube で「トマトをぶつけあう祭」の映像を見つけて教師に発表で見せてよいか尋ねる学習者もいた。こうした活動の中で様々な手段を活用することを通じてメディアの特性を学ぶことができる（図7-5）。

　この学校では，コンピュータも低学年からよく活用されていた。日本では，学習指導要領上，ローマ字を3年生で習うこともあり，学校においてはそれ以前にキーボードを触る機会はあまりない。そればかりか，小さい頃から PC に触れるのはよくないことだという価値観も根強く残っている。それに対し，この学校では，1年生の頃から「身近にあるものは使うことで適切な使い方を学ぶ」という価値観をもって実践に取り組んでいた。

　そのような活動を取り入れることで，注意しなければならないネット社会の問題について学ぶこともできる。例えば，Wikipedia に書いてあることは人が作ったものだからすべてが本当ではないかもしれず，その信憑性はどうであるか考える必要があることや，あるいは Youtube に載っている映像は違法にアップロードされたものではないかどうか考える必要があること，についても学ぶことができるだろう。

　このように，教育の現場では，道具を活用する具体的活動の中で問題になりそうなこと，あるいは知っておくべきことを抽出し，その都度教えていく場合

がある。例えば，肖像権については，カメラを人に向けることもひとつの暴力のようなものであるから相手に了解を取って，相手との心地よい関係性を保ちながら撮影・取材をしよう，ということなどの指導が必要になってくる。カメラがあるから撮る，ということによって，相手との関係が悪くなる，そういうことが社会的に問題になるならば，そうならないようにどうしたらよいのかを考えていくことが，リテラシーを身に付けていくということだといえる。

そこまでのことを，このひとつの授業だけですべて取り上げることは難しいが，こうした活動を積み重ねていくことで，徐々にそうした能力が育まれていくと考えられる。

（5）メディア教育に特化した科目がある高等学校

ここまで紹介してきた事例は，「国語」や「生物と地理」のように，既存の教科においてメディア教育を行うものである。それに対し，メディア教育に特化した科目を設けている高等学校もある。

ヘルシンキ市立メディア高校（HELSINGIN MEDIALUKIO）は，高校名に「メディア」という言葉が含まれているように，メディア教育に関して特色をもたせた公立高校である。普通科高校のコースに加えて，メディアコースの単位を履修することができ，所定の単位を取得するとメディアコースの認定証を取得できる仕組みになっている。この授業内容は，既存教科の専門性をもつ教師たちが構想して考えている。

DTP実習の授業では，タブロイド紙の形式を真似て紙面を作る実習があった。政治家のスキャンダル，スポーツ選手の熱愛報道など，刺激的な見出しと写真が紙面を飾る（架空の話だが）。実際に送り手の体験をしてみると，送り手が何を考え作っているか理解することができる。また，そうした制作物が社会的な影響力をもち，取材された人の権利を侵害する可能性があることも理解できる。（図7-6）

ビデオ初級の講座では，作品を制作する中でカメラワークや編集の技法を教えていた。この学校には大きなスタジオがあり，そこに議員候補者を呼んで討

図7-6　DTP実習の風景

図7-7　ミャンマーのメディアに関する報告

論番組を作るというような実践も行われていた。政治や社会との関連を意識しつつ，メディアが果たす役割について制作の体験をしながら学んでいく。

　作品を制作する実習的な授業だけではなく，メディアを分析する授業も行われている。社会科の教師によるメディアの授業では，国のもつ歴史的背景とメディアの役割を調査し，発表する授業が行われていた。あるグループは，民主化が進むミャンマーを対象として調べており，軍事政権化に置かれていた時代のメディアの表現と，民主化が進んできた段階でのメディアの表現ではどのように変わったか，について分析していた。このように，高校になると授業内容も少し社会性が強いものになっている（図7-7）。

4．教科書とメディア教育

　ここでメディア教育の実践を推進する環境的要因として，教科書にも目を向けておきたい。メディアを学ぶ授業はどのように実現されるか，普及の面では，学習内容が示されている教科書のもつ影響力は大きい。教科書に掲載されていることで，多くの教師がその内容を取り扱うべきであると考えるからである。

フィンランドで高いシェアを誇るWSOY社・5年生・国語の教科書の中では，雑誌に掲載されている批評記事がどのように作られているかを学ぶ「メディアの嵐」という単元が設定されていた。まず，批評記事がどのような要素で構成されているかを分析する。そこには，タイトル，見出し，画像，批評記事によくあるお勧め度を星マークの数で示したものなどがある。つまり，ここにあるのは言葉の学習だが，「見出し」であれば「見出し」の役割のようなものがあって，それをうまく活用していくことを重視している。この単元の中に批評文の型が示されたページがあった。このような型を学ぶための記述は他の単元でも見られ，フィンランドの国語教育では「型」を大事にしていることが読み取れる。

　また，批評文と関連する題材文として，雑誌の編集部には，カメラマンがいて，編集長がいて，実際に取材する人がいて，といったように役割を分担して批評記事というメディアができていることが示されている。

　あるいは，映像の話では，クローズアップするとどういう印象になるか，また，クローズアップすることによって伝わらない情報はあるのかなどを考えさせるものがあった。例えば，籠の上に止まっているカラスに関して，アップにするとカラスが籠の上にいることがわからないが，離れて撮影するロングショットになるとカラスが籠の上にいることがわかる。しかし，どんな表情をしているかがわからなくなる。近づいて撮るアップか，離れて撮るロングショットか，どちらがよいということではなく，状況に応じて使い分けることの重要性を学ぶ。映像に関する内容なので，これが国語なのかと疑問もあろうが，やはり言葉と映像をセットにして学ぶというところにひとつの特徴があると考えられる。また，様々な写真を読み解くことを目的として，写真と，教師が発問するような「問い」が書かれているページもあった。例えば，「これは何だと思うか」「これはどこか」「なぜそう思うか」といったような問いかけである。

　他にも広告（ポスター）が題材として扱われているページがある。ポスターは，写真やイラスト，キャッチコピー，ボディーコピー，企業のロゴマークといった情報で構成されている。また，「続きはウェブで」といった，クロスメ

ディア（他のメディアに飛ばして詳しい情報を知らせる）戦略がとられたりする。

　こうした学習から広告はパッと見て関心をもってもらうことが目的なのだということを学ぶ。例えば，人を惹きつける画像の表現や意味の読み解きとはどのようなものか，誰もが知っている美術作品をパロディとして表現することで記憶に残らせる手法など，広告表現の特徴を知ることができる。

　もちろん，国語の時間ということもあって，学習の中心的課題は言葉の表現であったり，言葉のそれぞれの役割であったりする。しかし，広告を分析的に見て，実際に自分で表現してみる経験を通じて，社会に位置付けられた広告の役割を考える学習としても機能していると考えられる。

5. メディア教育の変化と展望

　表7-2は，フィンランドにおけるメディアと教育に関して，その時代に「重要視された側面」と「その教育に対する呼び方」と「普及し注目されたメディア」とのつながりを10年刻みに整理したものである。

　1960年代は，一般的な教養教育として，マスメディア等について学ぶことや視聴覚教育が多く行われた。映像を使ってわかりやすく教えようということから，映画・テレビ・新聞などマスコミを題材とした教育が行われていた。

　70年代に入ると，マスコミ批判の考え方も入ってくる。テレビやマスメディアは，本当のことを伝えていないかもしれないというような側面，あるいは，本当のことを伝えてはいるが，一面でしかないというような批判的な態度・感覚を身に付けることを重視している。

　80年代には，美的感覚・倫理といったように，コミュニケーションをとるためのツールとして，ミュージックビデオなど，ポピュラーカルチャーを分析すること（例えば，ミュージックビデオはなぜこんなに魅力的なのか，といったことを考える）などが取り入れられた。

　90年代に入ると，コンピュータ，とりわけ情報技術やネットワーク技術に関する教育が，ここに積み重なっていく形で入ってきている。

そして，2000年代は，多様な様式のメディア文化について学び，メディアを使いこなして創造的に表現・発信していくようなことまで含めて捉えられている。年代によって少しずつ，考え方や実際に行われている実践，それに基づく思想に変化があった。

　こうした変遷をたどり，メディア教育やメディア・リテラシーの概念が拡張され，立場によって様々なメディア教育観をもった人がいる。例えば，マスメディアの一面的な報道を批判してメディアを悪者として攻撃することを重視する人もいれば，そもそもメディアにおける編集は取捨選択が不可欠であり一面的な報道しかできないものなのだから，それを理解した上で活用していくことを重視する人もいる。また，メディアの別の側面，例えば，文化的価値を創出してくれる価値・社会的意義を認めていこうとする立場の人もいる。あるいは，メディアの中に描かれているジェンダーのイメージによって女性が社会的な不平等を受けてきたことに対し批判する立場もある。いろいろな立場の人が「こういうメディア・リテラシーが大事だ」という考えをそれぞれにもっているのである。そのような状況は，日本とも共通する。

　フィンランドには，メディア教育を推進していこうとするメディア教育協会（MEDIAKASVATUSSEURA）というNPOがある。この協会は，どちらかと言う

表7-2　Decades of Finnish media education

（Kupiainen, R., Sintonen, S. &Suoranta, J. 2010）

1960年代 一般的な教養教育	視聴覚教育 マスメディア教育	映画，テレビ，新聞，マスコミ
1970年代 批判的な態度	マスコミ教育 コミュニケーション教育	テレビ，マスメディア
1980年代 美的感覚，倫理	コミュニケーション教育	ビデオ，視聴覚文化，映画，ミュージックビデオ
1990年代 ネットワーク化，相互作用	コミュニケーション教育 メディア教育	情報技術，ネットワーク技術，デジタル技術
2000年代 多様な形式のメディア文化	メディア教育	デジタル技術，多様な様式を有すること

と文化振興のための映画教育に力を入れてきた団体で，メディアについて学び，よい作品を作ることができる人を育てる市民活動をしている。

　子どもたちのメディア接触の状況等を経年で調査したり，セミナーを開催したりする活動のほか，メディア教育に関するあらゆる情報を収集し発信するWebサイト（http://www.mediakasvatus.fi）を作っている。そこには，フィンランドで行われているメディア教育の営み，また，学校教育だけでなく社会教育等を実践している団体の取り組みに関する情報を集約して公開している。全国に散らばっているメディア・リテラシーに関する取り組みを集約する活動は外部から高い評価を得ているため，国が組織を作り，彼らの活動を引き継ぐ予定もあるという。

　このように，フィンランドのメディア教育も様々な立場の様々な取り組みの積み重ねによって，今の形がある。そして，メディア教育のあり方は，これからも時代の変化に応じて拡張し続けていくと予想される。

Chapter 08

学力とメディア・リテラシー

1. 学力テストからみるメディア教育の重要性

　まず，図8-1を見てもらいたい。この問題は，平成19年に文部科学省が小学校6年生・中学校3年生を対象に実施した全国学力・学習状況調査で出題さ

三　川本さんは，資料を読んだあと，次の「地球わくわく新聞」の記事の下書きを書くことにしました。あとの問いに答えましょう。

地球
わくわく新聞
《第二号》

★今回の特集★
わたしたちの
くらしとごみ

発行日
平成十九年
五月九日

★古紙を回収に出すときに守ること★
・古紙を再生しよう
・同じ種類の古紙はひもでくくり，まとめて出すこと

ごみを減らすために！

イ

ウ

(1) 新聞記事の　イ　の中に、「古紙を回収に出すときに守ること」をさらにもう一つ書くことにしました。本文の内容に合わせて、一つ目と同じような書き方で書きましょう。

（メモ）※解答は、解答用紙に書きましょう。

(2) 資料1の第8段落に、「わたしたちの身近なところからごみを減らすことを考えて取り組んでいくことが必要ではないでしょうか」と書いてあります。そこで、新聞記事の　ウ　の中に、自分でもできるごみを減らす取り組みをしようと思いますか。次のことに注意して　八十字以上百二十字以内で書きましょう。

〈注意〉
○あなたが見たり、聞いたり、読んだり、体験したりしたことなどをもとにして、具体的に書くこと。

平成19年度全国学力・学習状況調査　小学校　国語　B ② より抜粋
出典：国立教育政策研究所　教育課程研究センター「全国学力・学習状況調査」調査問題・解説資料等について
http://www.nier.go.jp/kaihatsu/zenkokugakuryoku.html

図8-1　平成19年度全国学力・学習状況調査　小学校・国語B問題

れた小学校・国語 B の問題である。内容は，「環境問題に関わる新聞記事の内容を考える」もので，新聞としてのメディアが題材となっている。

　次に図8-2は，平成24年度に実施された全国学力・学習状況調査の問題（小学校・国語 B 問題）である。これは，「子どもにマラソンのことを知ってもらいたいという相手意識・目的意識をもった雑誌」が題材に使われている。雑誌記事を読み解き，「雑誌や記事の特徴」や「編集者のねらい」に関する問題に回答するものである。

　ここでは，「雑誌というメディアの特性を理解しているか」が問われている。雑誌は，言葉と写真で伝えるメディアであり，見出し，リード，本文，コラムなど，それぞれに役割をもつ構成要素から成り立っている。また，定期的に発行されるもので，特集が組まれることがある。そして，目的をもった送り手の意図によって構成されており，ターゲットを想定して編集されたものである。こうした特性を理解した上での回答が望まれている。このようなメディアに関して扱われた問題は，例えば，チラシ，POP 広告，プレゼンテーションなど，複数回出題されてきた。

　なぜこのようなことが問われるのかといえば，メディアが私達のコミュニケーションや社会生活に欠かせないものであり，学力が活用される課題解決場面に存在しているからに他ならない。この学力テストの特徴のひとつには，「知識」に関する問題だけではなく「活用」に関する問題を出題したということが挙げられている（文部科学省　2007）。メディアは，この「活用」に関する問題で頻繁に登場している。情報を読み解く力や日常生活の経験から自分の考えを述べること，背景にあるものを考えながら表現することが「学力」として問われている。

　文章・映像・図やグラフなどの組み合わせによって社会的・文化的な意味が構成されるメディアの特性理解，その読み解きや表現能力は，社会生活における問題解決場面で重要な意味をもつ。このように日常的な社会生活と密接に関係するメディアのあり方について捉え直すことが求められている中で，あらゆる教科・領域でメディア教育の意義が認められてきている。

図 8-2　平成 24 年度全国学力・学習状況調査　小学校・国語 B 問題

平成 24 年度全国学力・学習状況調査　小学校　国語　B ③ より抜粋
出典：国立教育政策研究所　教育課程研究センター「全国学力・学習状況調査」調査問題・解説資料等につい
て　http://www.nier.go.jp/kaihatsu/zenkokugakuryoku.html

この学力調査は，とりたててメディア・リテラシーという言葉を使って説明されてはいない。しかし，メディアに関する能力が問われ，その育成が求められていることに対しては，メディア・リテラシーとその教育実践に関わる研究の成果を活かすことができると考えられる。あらためて学力としてメディア・リテラシーを見つめ直す必要性を感じさせる事象である。

2. 学力とは何か

　このようなメディアを扱った，知を活用する問題が学力調査で出題されるようになった背景には，国際的な学力調査の結果が関係している。それに対してよく理解しておかなければならないのは，その「学力」という言葉のもつ意味である。もし，この「学力」を「基礎的・基本的な知識および技能」と捉え，暗記・ドリル学習に傾倒したとしても，学力調査の結果がよくなるとは考えにくい。

　なぜなら，OECD（経済協力開発機構）によるPISA調査などの各種調査では，日本の児童・生徒について「思考力・判断力・表現力等を問う読解力や記述式問題，知識・技能を活用する問題に課題がある」という評価がなされたからだ。PISA調査の読解力は「自らの目標を達成し，自らの知識と可能性を発達させ，効果的に社会に参加するために，書かれたテキストを理解し，利用し，熟考する能力」と定義されている（文部科学省　2005）。

　文章や資料から「情報の取り出し」「解釈」「熟考・評価」「論述」を行い，日常生活における問題を解決するための考えを提案することも学力の範疇であり，「基礎的・基本的な知識及および技能」に留まるものではない。この読解力は，まさしくリテラシーに当たるといえる。そして，現代社会においてリテラシーが発揮される場面とメディアとの関係は切り離せないことから，その調査にはメディアに関するものが出題されるのである。

　なお，学習指導要領にも，そのような学力を目指すことに対応した記述を随所に見ることができる。例えば，『小学校　学習指導要領（平成29年3月告示）』「総則　第1　小学校教育の基本と教育課程の役割」には，次のような記述が

ある。

> (1)　基礎的・基本的な知識及び技能を確実に習得させ，これらを活用して課題を解決するために必要な思考力，判断力，表現力等を育むとともに，主体的に学習に取り組む態度を養い，個性を生かし多様な人々との協働を促す教育の充実に努めること。その際，児童の発達の段階を考慮して，児童の言語活動など，学習の基盤をつくる活動を充実するとともに，家庭との連携を図りながら，児童の学習習慣が確立するよう配慮すること。（文部科学省　2017）

　言語活動を充実させて，思考力，判断力，表現力等を育み，習得した知識および技能を活用して課題を解決できる「活用型の学力」を育成することが求められている。総則は全体に共通して適用される原則であり，あらゆる教科・領域は，この方針に基づくことになる。また，ここで引用したのは小学校のものであるが，中学校，高等学校の学習指導要領にも同様の記述がある。

　日本において，「学力とは何か」ということは，これまでにも数多く論じられてきたが，「暗記・計算のみで獲得されるものではなく，社会的文化的環境・他者との相互作用を通して育まれるものである」（大田　1990）と言われている。日常生活における問題解決を行う場面では，他者との相互作用を通じて，思考力，判断力，表現力を活かすことを避けては通れない。そして，主体的に社会形成に参画して問題解決できるようになるために学ぶという意義や価値を明確にすることで，基礎的・基本的な知識および技能を確実に習得することに対する意欲も高まると考えられる。

　上述した学力調査の問題によって，知識や技能を活用する学力の高まりを確認できるかどうかについては賛否両論あるが，少なくとも出題者が，日常生活で知を活用し，思考，判断，表現を行う場面とメディアとの関わり方は切り離すことができないと考えていることは明らかである。では，このようなメディアとの関わりをもった学力，あるいは「知識や技能を活用する学力」を，具体的にどのような学習活動によって高めていけばよいのだろうか。そのひとつの

方法として，「メディア制作を行う学習活動の可能性」について，実践事例に
基づき考えていきたい。

3. メディア表現の実践事例

　熊本市立飽田東小学校では，「デジカメで撮影した写真をスライドショーに
して，学校のよいところを保護者に伝える」という実践がなされた（前田
2008）。まず，学習者を３人１グループにしてテーマを決めさせ，デジカメで
写真を撮影させる。次に撮影した写真の中から，グループでスライドショーに
使用する写真を選ぶ。そして，ナレーションを書き，BGM を選択する。最後
に，教師がパソコンの映像編集ソフトで５秒ごとに画像が切り替わるように編
集し，BGM を付けるとともに，その映像に合わせて子ども達が読み上げたナ
レーションを録音して付け加える。これで，30 秒間の映像作品ができ上がる。
この学習活動には，次のような学びの要素が含まれている。

（1）写真を撮影する場面
　ある目的をもって写真を撮影することは，学習者が思考する学習場面とな
る。自分の伝えたいメッセージが伝わるようにするために，何を撮るのか考え
ることなく写真を撮ることはできないからである。例えば，「校庭で遊具を使
って遊んでいる子ども達」ということを伝えるための写真としては，校庭，遊
具，子ども達が写っている画像でなければわからない。これは，何を撮るかと
いうことを頭の中にイメージすると同時に，言語で思考する活動でもある。伝
えるための写真を意識して撮影することは，まさしく思考，判断，表現を伴う
活動といえるだろう。

（2）写真を選択する場面
　子ども達は，たくさん撮影してきた写真の中から６枚を選ぶ必要がある。１
枚の写真が伝える情報だけでなく，映像と映像の組み合わせによってどのよう

な意味が構成されるのか，視聴者がどのように感じるかを思考し，よりよいと思われるものを選ぶ判断をしなくてはならない（図8-3）。

その時，グループ内では，それぞれの案と理由を話し合うことになる。ここでの「一番よい選択」とは，どのような判断基準で決められるべきだろうか？　例えば，ピントが合って綺麗に撮れている

図8-3　写真を選択する活動

写真，一瞬のシャッターチャンスを逃さずに撮った写真，あるいは，よい笑顔をした人物の写真，どれを選ぶだろうか。最も重要な判断基準は，「伝えたいことが伝わり，目的を達成することができる写真かどうか？」ということである。しかし，そのような判断基準があっても，数枚の候補が出てくる場合がある。この時，グループの中でもどの写真を採用すべきか意見の対立が生じる。自分の選んだ写真を採用することが望ましいということを他者に説明して，納得してもらわなくてはならない。その状況によって対話が生じ，コミュニケーション能力を高めることができる。

自分の考えをわかってもらうためには，相手に対してわかりやすい言葉で話す必要があり，言語を学ぶ意義を実感することができる。また，他者の考えを聞くことによって，自分の物の見方や考え方の幅が拡張されることになる。他者の意見を受け入れながら，自分の意見も主張する場とすることができれば，さらに洗練された作品になることが期待でき，充実感も高まる。

（3）ナレーションを考える場面

テーマと大まかなストーリーは，グループの中で設定しつつ，ナレーションは，一人ひとり個別に考えさせる。そして，グループの中で読み合い，日本語として正しい表現か，伝えたいことが伝わる表現になっているかを判断の基準

として，よいと思う表現に線を引いていく。最終的には，よい部分を取り入れ
ながら，グループでひとつのナレーションを作り上げていく。ここでも，他者
の考えから学ぶことを学ぶ。そのようにしてこの実践では，校庭を綺麗にして
くれている人物を紹介する作品を作ったグループから，視聴者の興味を惹きつ
けるために，「誰がやってくれているか知っていますか？」と疑問形の後で
「実は，佐藤先生なのです」と答えを明かすというようなナレーションの工夫
が生まれた。

（4）音楽を選ぶ場面

　音楽を選ぶ活動もグループでの対話を重視しており，言語で表現する言語活
動として成立している。「なんとなくこれがよい」という判断では，グループ
の中でいくつかの候補が出てきた時に，ひとつに決めることができない。さみ
しい感じの曲なのか，楽しい感じの曲なのか，「自分たちの伝えたいメッセー
ジを伝えるためには，これが相応しい」ということをわかり合うために音のも
つイメージやそれで伝えたいメッセージを言語で説明し合う必要がある。ま
た，組み合わせる音によって映像のもつ意味が変わるということや普段視聴し
ているドラマの BGM などは送り手が意図をもって選択し，メッセージを伝え
ようとしているのだと理解することができる。

　以上のように，メディアで表現する活動によって，子ども達がグループで主
体的に議論を交わし，協力して課題を解決する学習を行うことができる。その
ことによって，子ども達の思考力・判断力・表現力だけでなく，メディア・リ
テラシーの向上を期待できる。とはいえ，放っておくだけで子ども達が建設的
に議論できるとは限らない。教師は子ども達の活動をしっかりと把握し，適宜
活動の指針を与え，メディアの特性が学べるよう導いていく必要がある。教師
ができる支援は，議論ができるだけの準備と議論をする場を整えるということ
になる。例えば，ワークシートを工夫して子ども達をサポートすることや，活
動自己評価カードで子どもたちの状況を把握しアドバイスするなど，教師には

一斉指導とは異なる指導力が求められることになる。

4. 正解がひとつではない問題

　メディア表現に唯一絶対の正解はない。同じ出来事を伝える時，その表現には，いくつものパターンが存在しうる。例えば，「陸上競技で，ある選手がオリンピックで銀メダルをとった」ということを報道する場合に，「残念！　金メダルを逃す」と表現することもできるし，「努力が実った！　堂々の銀メダル獲得」とすることもできる。このように取り上げる対象や出来事は同じでも，取り上げ方によって印象は大きく変わる。

　では，いくつかの選択肢からひとつを採用する際，どうやって決めるとよいだろうか？どういう立場をとるかによって最善のものは変わってくるというのがその答えである。取材対象の周辺情報，受け手が知りたいと思っていること，時代の流れ，送り手の主張など，様々な要因が複雑に絡み合ってくる。送り手には，総合的な視点からの判断が求められる。

　グループ作業を行う場合には，「自分は，こういう理由で，こちらの方がよいと思う。逆にこちらは問題に感じる」という根拠をもち，筋道を立てて，どちらかを採用する理由を他の人に説明することが必要になる。ただし，「自分なりの根拠」も人それぞれ異なる場合があるため，やはり意見が対立する場合があるだろう。ここで，ただ単に相手の意見を否定し，論破することだけを考えていては，話が前に進まなくなる。どちらの意見も，ある見方においては正解で，甲乙つけがたい場合があるからだ。相手の言い分もよく聞き，考え，自分が建設的に妥協できる点はないか，相手の意見に歩み寄ることはできないか検討することが必要になる。

　一方，わが国の学校で取り扱っている学習の内容は，正解がひとつである場合が圧倒的に多いのではないだろうか。事実，多くのテスト・問題集などは，問いに対する正解を答えるものがほとんどである。特にこの傾向は，入学試験の対策をするための勉強において顕著である。試験問題に対して正解を回答で

きることが，受験を乗り越えるための学力として重視されてきた。子ども達も，「勉強」といえば，テストや受験と切り離して考えることができず，問題を解いてよい点数をとることが勉強する目的になってしまっている状況も見受けられる。

しかし，日常生活に目を向けてみると，実は答えがひとつに決まらない問題の方が圧倒的に多いことは明らかである。例えば，地球温暖化の問題はどうすれば解決できるだろう。森林伐採やフロンガスの排出などが問題の所在ならば，それをなくすことが解決方法である。しかし，これらをすべてなくすことはできないほどに社会は成熟している。それをなくすことで，豊かさを享受できなくなる人，損害を被る人，生活ができなくなる人が出てくる。そこで，この程度まで減らしましょうという妥協案が提出されることになる。

ここでの「この程度まで」というところに，賛成派と反対派のせめぎ合いがある。民主的に物事を決めていくために，対話の中で相手にも納得してもらって，このラインを設定していくわけである。つまり，その状況における課題に対する「正解」あるいは，「進む道」は，対話をした人々によって決められていくことになる。

その時，それぞれの立場が自分たちの主張を通そうとすれば，議論は平行線のままに終わるかもしれない。もちろん自分の主張によって相手の考え方が変わればよいが，そう思い通りにいくことばかりではない。物事を前進させるには，どちらの立場であっても「妥協点」を見出す必要がある。ただし，「妥協」といっても，単に「あきらめる」ということではない。双方の主張の共通点と相違点を明らかにし，どちらの意見もある程度反映されるような妥協点を見出していくことが，建設的であるといえる。

このことは，送り手が構成し，受け手が解釈するというメディアの特性を理解することにつながる。自分が当たり前と思っていることが，相手にとっては当たり前ではないかもしれないという前提に立てなければ，誤解や混乱や争いが生じる。既有の知識や価値観，社会的・文化的な背景など様々なことに影響を受けて，メディアは生成され消費されていることを理解できなければ，メデ

ィアのあり方を建設的に議論していくことはできないだろう。

5. メディアを学習に取り入れる意義

　このような答えがひとつに決まらないような建設的妥協点を見出していく学習活動は，総合的な学習の時間における問題解決学習，道徳のモラルジレンマの問題，あるいは，作文，絵画などでも取り扱うことができる。こうした学習活動の重要性を意識して，思考力・判断力・表現力を高める授業を教科横断的に計画していく必要があるだろう。

　メディアで表現する学習では，思考力・判断力を働かせて最善と思われる表現を決めていくために議論するプロセスを欠かすことはできない。そこで，「建設的妥協点」を見出す場面が出てくる。他の人の意見・アイデアをよく聞き，自分の考え方や立場と比較検討し，場合によっては，相手の意見を取り入れる柔軟さが，創造的な問題解決のために必要である。またそれは他者から学び，自分の視野を広げることにつながる。

　暗記していれば正解が出せる問題は，思考する余地がほとんどない。一方，知識や技能を活用した課題解決は，社会的な相互作用に伴う思考・判断・表現の連続である。その過程において，思考するために暗記しておく必要がある基礎的な知識や技能の必要性に迫られることがある。基礎的な知識や技能に対する学習意欲は，そのような必要性に迫られる状況で生まれるものであろう。

6. メディア教育を阻害してきた要因

　以上のように，学習指導要領・学力テストが目指している学力や問うている内容には，メディア・リテラシーと関わりがあるものも含まれるようになってきている。しかし，「メディア・リテラシーを育成すること」を目的として掲げてはいない。そのため，各教科領域においてどのようにメディア教育を取り入れていくか考える必要がある。この普及についての課題も存在する。

これまでもメディア教育の実践が多数開発され，実際に取り組まれてきた。しかしながら，そうした取り組みが十分に普及したとは言い難い。山内（2003）は，メディア教育が普及しない理由として次の5点を挙げている。

①社会的にメディア・リテラシーやその教育の必要性が認知されていないこと。
②学習指導要領で定められていないこと（関連がある教科・領域で，分断して扱うしかない）。
③教員養成系の大学にメディア・リテラシーに関するコースがないこと。
④教師の支援体制が十分に整っていないこと。
⑤教師は「大衆メディア」を教室に持ち込むことに抵抗があること。

　また，これを踏まえ中橋ら（2009）は，メディア・リテラシー教育を実践した経験をもつ教師を対象に電子メールを用いた往復書簡形式の聞き取り調査を行っている。データを整理した結果，現場教師の感じている「メディア教育を阻害してきた要因」は，次のように整理された。

（1）認知されていないこと。
　・実践している教師は多いが，それをメディア・リテラシー実践と認識していないから。
　・重要性を認識していないから。
（2）強制力がないこと。
　・義務化されていないから。
　・教科書がない・取り扱われていないから。
　・意欲がないから。
（3）負担が大きいこと。
　・新しいものに取り組みにくい多忙な状況があるから。
　・簡単に評価できないから。
　・指導が面倒（大変）だから。
　・単元を開発する時間がないから。

・難しいという印象があるから。
（4）従来の教科学力に囚われていること。
　・従前からの国語教育の指導内容イメージから抜け出せないから。
　・国語で文学指導を中心としてきたから。
　・「批判的に」よりも「正確に」読み取ることが重視されるから。
　・情報を中立なものと思う傾向があるから。
　・自らがメディア・リテラシー教育を受けた経験がないから。

　これらの結果を，先に示した山内の整理と比較すると「(1) 認知されていない」という理由は，「①社会的にメディア・リテラシーやその教育の必要性が認知されていないこと」と近い内容である。ただし，ある教師からは，「国語の授業で行われている学習は，ほとんどが「メディア・リテラシー教育」といってもいいと思います。ただし，多くの教師が「メディア・リテラシー」という言葉に振り回されて「実践していない…」と答えているだけで，実践している教師は多いと思います」といった意見もあり，認知されていないことと実践されていないことは，必ずしも同じではないとする指摘もあった。

　次に，「(2) 強制力がない」という理由は，「②学習指導要領で定められていないこと」と内容が近い。「教科書に明記されていないため，その範疇を超えた内容については，実践の必要性を感じていない（教師がいる）」という指摘からもわかるように，必須ではない何か特別な授業だという認識が存在する。

　また，「(3) 負担が大きい」という理由は，直接的ではないが「④教師の支援体制が十分に整っていないこと」と関連があると言える。ただし，これは教師の仕事量が純粋に増加していることが要因になっているという見方もできる。時間的余裕がなく，心理的負担が大きな障壁となっているという指摘は，単に研修や教材の支援体制だけで乗り越えられるものではないことを示唆している。

　山内の挙げた要因と直接合致しないものとして特に注目したいのが，「(4) 従来の教科学力に囚われている」という理由である。特に国語教育の伝統的な

学力観が阻害要因として挙げられているが，一方で「国語科では PISA 型読解力のところから自然にメディア・リテラシー教育が入っていくことを感じています」などの記述があった。少しずつ学力観の転換が行われ始めているが，伝統的な学力観に囚われすぎることがメディア教育を阻害する要因となる可能性が示唆された。

7. 教育機会の保障をどう考えるか

　メディア・リテラシーは，この社会で生きる上で必要不可欠な能力である。そうした認識の広まりからか，義務教育段階においてもメディアに関わる教育が行われつつある。しかしながら，学習指導要領で「メディア・リテラシー」という言葉は使われておらず，現段階において教育の機会が保障されているとは言いがたい。

　例えば，コミュニケーション手段としてコンピュータやネットワークを活用する授業や情報通信産業について学ぶ社会科の授業，パンフレット制作や新聞制作に取り組む国語の授業などが行われてはいるが，各教科にはそれぞれの目的があるため，メディアについて学ぶ教育の機会が保障されているわけではない。こうした状況を改善するものとして期待されるのが，新教科創設に関わる取り組みである。

　京都教育大学附属桃山小学校は，文部科学省の研究指定（2011〜2013 年）を受けて，新教科「メディア・コミュニケーション科」の開発研究を行った。山川（2012）らは，新教科「メディア・コミュニケーション科」の目標を「社会生活の中から生まれる疑問や課題に対し，メディアの特性を理解した上で情報を収集し，批判的に読み解き，整理しながら自らの考えを構築し，相手を意識しながら発信できる能力と，考えを伝え合い・深め合おうとする態度を育てる」としている。また，「子ども達につけたい力」を以下の 5 つに整理している。

①相手の存在を意識し，その立場や状況を考える力

②メディアのもつ特性を理解し，必要に応じて得られた情報を取捨選択する力
③批判的に情報を読み解き，論理的に思考する力
④情報を整理し，目的に応じて正しくメディアを活用していく力
⑤情報が社会に与える影響を理解し，責任をもって適切な発信表現ができる力

　このような力を子ども達に育むべく，6年間を通じたカリキュラムを開発し，授業を実践し，評価を重ねてきた。その中から実践事例をひとつ紹介する。
　4年生を担任していた木村壮宏教諭・宮本幸美江教諭は，新聞とテレビニュースの比較・分析を通じて，それぞれのメディアの特性について

図8-4　新聞記事とテレビニュースの比較

学ぶ実践を行った（図8-4）。全10時間の単元で，同じ事実の内容に関する複数の新聞記事を読み比べる活動（3時間），同じ事実の内容をテレビニュースと新聞記事で比べる活動（3時間），制作者と受け手の思いや伝わり方について考える活動（4時間）で構成されている。
　指導案に示された単元の目標は，以下の通りである。

単元の目標

①新聞やテレビニュースで扱われている同じ事実の内容について，その取り上げ方や記事の書き方に興味をもち，それらの違いについて話し合い，進んで考えていこうとする。【メディア活用への関心・意欲・態度】
②既成の新聞やニュース，自分達の作った新聞を読み比べてみることを通して，

事実の取り上げ方や記事の書き方の特徴について考える。また，送り手の思いと受け手の受け止め方に違いがあることについて話し合い，思いの伝え方について考える。【メディア活用の思考・判断・表現】

③新聞やテレビニュースで扱われている同じ事実の内容について比較する活動を通して，新聞記事やテレビニュースの長短所を知る，また，それぞれのメディアを取り扱う際のマナーについて理解する。【メディア活用に関する知識・理解・技能】

そして，単元の評価基準を次のように定めている。

①メディア活用への関心・意欲・態度
・新聞記事を読み比べ取り上げ方の違いについて進んで考えていこうとする。
・新聞記事とテレビニュースを比較しそれぞれの特性について進んで考えていこうとする。
・責任をもって発信することの大切さについて考えを深め合おうとする。
②メディア活用の思考・判断・表現
・新聞記事を見比べ，共通点や違いについてそれぞれの考えを比較する。
・新聞記事とテレビニュースを比較し，それぞれの特性についてまとめていこうとする。
・それぞれの特性を活かした思いの伝え方について考える。
③メディア活用に関する知識・理解・技能
・記事の取り上げ方は，送り手のもつ価値観や発信力によって，扱い方が変わることを理解する。
・テレビニュースや新聞記事の特性について理解する。
・それぞれのメディアを取り扱う際のマナーについて理解する。

このように，「関心・意欲・態度」「思考・判断・表現」「知識・理解・技能」の観点から，目標と評価について詳細に整理されている。ある出来事を伝えよ

うとする時には，送り手の意図によって情報の取捨選択が行われる。送り手の意図は送り手自身の価値観によるものであると同時に，受け手が求めている情報がどのようなものかということにも影響を受ける。メディアが媒介している情報はそれを取り巻く状況に依存しており，単純な記号の交換ではない。メディアは，ある事象の一面を切り取って伝えることしかできないという限界をもちながらも，目的に応じて機能的な特性を活かせる伝達手段を選択することができる。こうしたことを主たる目的として設定し，学習の達成を評価することまで踏み込むことは，既存の教科では難しかった。

　以上のように，本校では，義務教育における教科として共通に学ぶべきことは何か，どのような授業の方法が適切か，教材はどのようなものが必要かなど，地道な研究がなされてきた。既存教科の枠組みで保障することが難しい内容を，正面から取り扱うことによって社会に生きるために必要なメディア・リテラシーが育まれると期待される。このような研究開発学校の取り組みが，直ちに全国展開されることはないにしても，得られた成果は意義深く，歴史に残る重要な一歩であったと言えるだろう。

メディア・リテラシーと
情報活用能力

1. メディア教育と情報教育

　日本の学校教育現場においては,「メディア教育」よりも「情報教育」という言葉の方がより認知されており, 情報教育を目的とした実践は数多く行われている。そして, 情報教育として取り組まれている実践の中には, メディア教育といえるようなものがあることを確認できる。はたして「メディア教育」と「情報教育」の違い, あるいは接点はどこにあるのだろうか。メディア教育は,「メディアで学ぶ教育」と「メディアについて学ぶ教育」を含む言葉である。そして, 情報教育は「情報活用能力を育む教育」のことを意味する。以下では, その3つの詳細を確認する。

(1)「メディアで学ぶ教育」としてのメディア教育

　「メディアで学ぶ教育」は, 教育活動の充実を目的としたものであり, 放送教育・視聴覚教育・ICT 教育などを総称する言葉に当たる。教師あるいは教材制作者が, 学習者にわかりやすく説明するためにメディアを用いる教育, 学習者がそうした教材やツールを活用して学ぶ教育, 学習者が調べて, まとめて, 伝える学習活動にメディアを活用する教育などが含まれる。ここでのメディアとは, ICT の場合もあれば, プリント, 音声, 画像, 映像, 実物など表現の形式は様々である。つまり, 広義には, 黒板や教科書を使った日常的な教育もこの「メディア教育」にあてはまることになる。

（2）「メディアについて学ぶ教育」としてのメディア教育

　「メディアについて学ぶ教育」は，メディア・リテラシーを育むことを目的としたものである。主に欧米諸国ではそれを「メディア教育（Media Education）」と呼んでいる。日本において「メディア教育」という言葉は，「メディアで学ぶ教育」と「メディアについて学ぶ教育」の両方を含む言葉として使われてきた。そのため，「メディアについて学ぶ教育」のことを「メディアで学ぶ教育」と区別するために，あえて「メディア・リテラシー教育」と呼ぶ日本の研究者もいる。

（3）「情報活用能力を育む教育」としての情報教育

　「情報活用能力を育む教育」は，「情報教育」という言葉が使われている。日本の学校教育では，教育行政・政策的な用語として，情報社会に生きるための力を「情報活用能力」と定義しており，「メディア・リテラシー」という言葉を使用してこなかった。情報教育の目標は，情報活用能力を育むことであり，情報活用能力は，「情報活用の実践力」「情報の科学的な理解」「情報社会に参画する態度」の3つをバランスよく育むこととされている。

　では，「メディアで学ぶ教育」「メディアについて学ぶ教育」「情報活用能力を育む教育」は，どのような関係にあるのだろうか。近年，メディア・リテラシーは，マスメディアだけでなくインターネットなど情報通信技術を用いたメディアにも求められている。一方，情報活用能力は，コンピュータによる情報処理だけでなく，映像表現や情報通信技術を活用して人と人とのコミュニケーションを媒介するメディアの仕組みやコミュニケーション能力なども含むものとされるようになってきた。また，学校には教育に活かされるコンテンツや機器としてのメディアの導入が進み，メディア・リテラシーを育む活動にも，情報活用能力を育む活動にも利用されるようになってきた。「メディア教育」と「情報教育」は，それぞれ求められるようになった背景，目的，活動などにおいてルーツが異なるものであるといえる。しかし，メディア教育と情報教育に

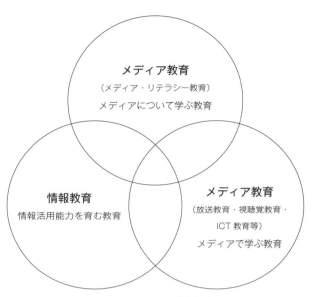

メディア教育
（メディア・リテラシー教育）
メディアについて学ぶ教育

情報教育
情報活用能力を育む教育

メディア教育
（放送教育・視聴覚教育・
ICT 教育等）
メディアで学ぶ教育

図9-1　メディア教育と情報教育の関係

は重なる領域も存在し，その重なり合う領域が徐々に大きくなってきている。図9-1は，これら3つの領域の関係を図に示したものである。

　先述の通り，メディア・リテラシーの歴史的な系譜を紐解くと，メディア・リテラシーの研究を活発にしたひとつの要因には，コンピュータやマルチメディアの普及による情報教育の影響があったと言われている。また，情報教育研究からの研究アプローチにおいても，メディア・リテラシーの研究が情報教育に活かされることが期待されている。そこで以下では，情報活用能力とは何か，メディア・リテラシーとどのような関係があるのかについて整理する。

2. 情報教育の発展

　先述したように，情報教育の目的は「情報活用能力」を育むことである。「情報活用能力」は，「情報化の進展に対応した初等中等教育における情報教育

の推進等に関する調査研究協力者会議」が1997年10月に提言した「体系的な情報教育の実現に向けて」（第一次報告）の中で以下の3点に整理された。

1. 情報活用の実践力：課題や目的に応じて情報手段を適切に活用することを含めて，必要な情報を主体的に収集・判断・表現・処理・創造し，受け手の状況などを踏まえて発信・伝達できる能力
2. 情報の科学的な理解：情報活用の基礎となる情報手段の特性の理解と，情報を適切に扱ったり，自らの情報活用を評価・改善するための基礎的な理論や方法の理解
3. 情報社会に参画する態度：社会生活の中で情報や情報技術が果たしている役割や及ぼしている影響を理解し，情報モラルの必要性や情報に対する責任について考え，望ましい情報社会の創造に参画しようとする態度

『教育の情報化に関する手引（追補版）令和2年6月』にも，この説明部分を箇条書きにした「情報教育の3観点8要素」が掲載されている。1997年から2020年現在に至るまで長年にわたって，この整理が情報活用能力の説明として継承されてきたことがわかる。これに加えて，平成29・30年に改訂された学習指導要領では，学習の基盤となる資質・能力の1つとして「情報活用能力」が説明されたこともあり，同手引においても「情報活用能力」を以下のように説明している（文部科学省　2020）。

「情報活用能力」は，世の中の様々な事象を情報とその結び付きとして捉え，情報及び情報技術を適切かつ効果的に活用して，問題を発見・解決したり自分の考えを形成したりしていくために必要な資質・能力である。より具体的に捉えれば，学習活動において必要に応じてコンピュータ等の情報手段を適切に用いて情報を得たり，情報を整理・比較したり，得られた情報を分かりやすく発信・伝達したり，必要に応じて保存・共有したりといったことができる力であり，さらに，このような学習活動を遂行する上で必要となる情報手段の基本的

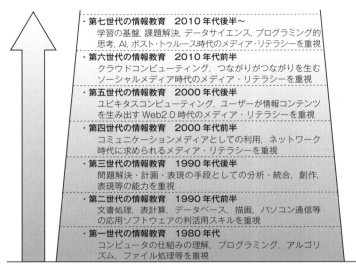

図9-2　時代ごとに拡張されてきた情報教育観

な操作の習得や，プログラミング的思考，情報モラル等に関する資質・能力等
も含むものである。

　この説明だけを読むと情報活用能力は、学習活動に限定された能力のように
も解釈され得る。しかし、歴史的な経緯を踏まえ、学習活動のみならず情報社
会を生きる上で必要となる能力として捉え、学校教育に位置付けることが重要
ではないかと考える。

　このような能力の枠組みは，長年にわたり継承されてきたが，実際の教育内
容は今と昔では大きく異なるものとなっている。それは，情報技術の発展や時
代背景によって，「情報教育」の概念が拡張されてきたからである。また，上
述の枠組みからだけでは，情報活用能力とメディア・リテラシーの接点を見出
しにくい。そこで，その拡張の歴史的変遷に関する整理を紹介する。図9－2
は，「情報教育」の概念が時代を経て蓄積・拡張されてきたことを整理したも

のである。第一世代（1980年代〜）で特に重視されていたプログラミングやアルゴリズムに関わる内容は，第七世代（2010年代後半〜）においても継承され，情報教育として行われているというように読み取ってもらいたい。これは，岡本（2000）の整理を踏まえて，中橋（2005）が作成した「第一世代〜第四世代の情報教育」にそれ以降の時代を追加して作成したものである。

（1）第一世代の情報教育（1980年代〜）

　第一世代の情報教育（1980年代〜）は，コンピュータのハードウェア的仕組みやプログラミング，アルゴリズム，ファイル処理等を重視していた。この時代のコンピュータはスタンドアロン（他のコンピュータと接続しない状態）で使われることが多く，人間が入力したことに対して人間には不可能なほどの速さで結果を出力する計算機であった。

（2）第二世代の情報教育（1990年代前半〜）

　第二世代の情報教育（1990年代前半〜）は，第一世代の情報教育に加え，文書処理，表計算，データベース，描画，パソコン通信等の応用ソフトウェアの活用スキルを重視した。この時代のコンピュータは，計算機としてだけでなく，表現するための道具として使われるようになっていった。

（3）第三世代の情報教育（1990年代後半〜）

　第三世代の情報教育（1990年代後半〜）は，第一・第二世代に加え，問題解決・計画・表現の手段としての分析・統合，創作，表現等の能力が重視されるようになった。単にソフトを使うことができるというスキルの獲得を超えて，情報技術を活用することで何を実現できるのか，ということに目が向けられた。

（4）第四世代の情報教育（2000年代前半〜）

　第四世代の情報教育（2000年代前半〜）は，ネットワーク化されたコンピュータをコミュニケーションのためのメディアとして活用する能力が重視されるよ

うになった。ここには，3DCGや映像編集も含むデジタルメディア表現能力，メディアの特性を理解し，構成された情報を主体的に読み解く力，情報モラルなどが含まれる。

（5）第五世代の情報教育（2000年代後半〜）

第五世代の情報教育（2000年代後半〜）は，さらに，ユビキタスコンピューティングの環境下におけるWeb2.0時代のメディア・リテラシーが求められるようになった。いつでもどこでも誰でもインターネット上の情報にアクセスできる環境や利用形態をユビキタスコンピューティングという。持ち運びが容易な携帯情報端末，携帯電話からもインターネット接続が可能になり利用者を増やした。また，商用サービスとしてブログやSNSを始めとするCGM（Consumer Generated Media）が使われ始め，Webサイトを作る技術と言うよりも，多様な形態でコミュニケーションを生み出す能力が重視されるようになった。個人の情報発信や，インターネットを通じた人との関わりが質・量とも飛躍的に増大した時代である。

（6）第六世代の情報教育（2010年代前半）

第六世代の情報教育（2010年代前半）は，クラウドコンピューティングが実現するソーシャルメディア時代のメディア・リテラシーが重視された。利用者が自分の端末を通じて，インターネット上のハードウェア，ソフトウェア，データをその存在や仕組みを意識することなく利用できる環境や利用形態のことをクラウドコンピューティングという。そうした利用形態のもとで一般大衆に広く開かれたプラットフォームには，Youtubeのような動画共有サイト，Facebookのような SNS，Twitter のようなマイクロブログ，LINEのような通話・メッセージアプリなどがある。つながりがつながりを生み，世の中の話題を生み出すメディアの特性や影響力を理解して活用する能力や，それらによって人々のライフスタイルや価値観がどのように影響を受けるか考え行動できる能力が重視される。携帯情報端末を使い，オンラインで映画，音楽，書籍，ゲームなど

のコンテンツを購入できる時代，ユーザーが知を集積していく CGM（Consumer Generated Media）が自然なものになる時代，マスメディアだけでなく市民メディアが台頭する時代の到来によって，これまでになかった能力が求められることになった。

(7) 第七世代の情報教育（2010 年代後半）

　先に説明したように，平成 29・30 改訂の学習指導要領において，学習基盤のひとつとして「情報活用能力」という言葉が明記された。従来は教科・領域で学ぶことに加えて必要だと位置づけられていた情報活用能力が，教科・領域の学習活動を行う前提として必要になる能力として位置づけられた。また，データサイエンス，プログラミング的思考が重視されるようになった。こうした情報に関する「科学的な理解」に裏付けられた能力の側面が強調される中で社会的なコミュニケーション能力の側面は相対的に弱まったように感じられる。

　しかし，学習指導要領にある「主体的・対話的で深い学び」を実現させるためには，誰がどのような意図で発信した情報なのか批判的に読み解く能力や，自分の考えを相手のもつ文化や価値観を踏まえて表現・発信する能力などが必要である。また，ソーシャルメディアの普及，その使われ方によって客観的な事実よりも感情的な訴えかけの方が世論形成に影響する状況として「ポスト・トゥルース」という言葉に注目が集まっている。さらに，フェイクニュースが世の中を混乱させることに対する危惧や，メディアコミュニケーションにおいて AI 技術をどのように活用していくべきかメディアのあり方を考えていくことが重要な社会状況にある。学習指導要領の記述からはこうした点を読み取ることは難しいが，「情報活用能力」を育成する際に，こうしたメディア・リテラシーを同時に育むことが望ましいと考えられる。

3. 高等学校教科「情報」

　高等学校では，1999 年（平成 11 年）改訂・2003 年（平成 15 年）実施の学習指

導要領において，情報教育の中核を担う教科「情報」が新設された。普通教科としては，「情報A」「情報B「情報C」という3科目が設定された。その後，2009年（平成21年）改訂・2013年（平成25年）実施の学習指導要領において，「情報A」「情報B」「情報C」から「社会と情報」「情報の科学」の2科目になった。さらに，2018年（平成30年）改訂・2022年（令和4年）実施の学習指導要領において，「社会と情報」「情報の科学」から全員必修の「情報Ⅰ」と選択科目の「情報Ⅱ」の2科目に再編された。

　2020年現在，「情報Ⅰ」「情報Ⅱ」の教科書は存在しない。そこで，以下では，科目「社会と情報」における学習指導要領の特徴的な記述と教科書の内容を確認する。文部科学省が公開している「高等学校学習指導要領新旧対照表」の中で，「社会と情報」と「情報C」が対比されている部分がある。「情報C」には記述がなかったが，「社会と情報」で新たに記述が加わった箇所には，次のようなものがある。

（1）　ア　情報とメディアの特徴
　情報機器や情報通信ネットワークなどを適切に活用するために，情報の特徴とメディアの意味を理解させる。
　　※下線は著者による

（2）　ア　コミュニケーション手段の発達
　コミュニケーション手段の発達をその変遷と関連付けて理解させるとともに，通信サービスの特徴をコミュニケーションの形態とのかかわりで理解させる。
　　※下線は著者による

　このように，「メディア」と「コミュニケーション」という言葉が，強調された記述となった。それまでは，教科「情報」では，「情報活用の実践力」としてワープロ・表計算・プレゼンテーションなどのソフトウェアを習熟することに重きを置いた実践が取り組まれてきた。インターネットの利用も，検索方

法や技術的な仕組みの理解に重点があった。しかし、そのような知識と技能を学ぶだけでは、「社会の情報化の進展」に対応できる力とはなり得ない。現実的な日常生活の場面では、情報技術に関する知識・技能と、メディアを取り巻く社会的・文化的な文脈との関連を切り離して考えることはできないのである。

4. 教科書におけるメディア・リテラシー

　このような学習指導要領上の記述を受け、教科書では、メディア・リテラシーという言葉がどのように説明されているのだろうか。「社会と情報」に関しては、平成25年度版と平成29年度版の教科書がある。平成25年度版は、6社から8冊の「文部科学省検定済教科書　高等学校情報科用」が出版されており、そのうち6冊の巻末の索引に「メディア・リテラシー（メディアリテラシー）」というキーワードがあった。そして、平成29年度版は、6社から10冊の教科書が出版され、それら全て巻末の索引に「メディア・リテラシー（メディアリテラシー）」というキーワードがあった。該当箇所の記述を抜粋したものが表9-1である。

　日本における高等学校への進学率の高さを考えると、これらの教科書が若者に与える影響力は大きい。教科書によって定義に幅が見られることや、独自の判断で掲載していない教科書もあるが、教科書で学ぶことは、メディア・リテラシーについて共通の認識をもつことができる機会となる。

　学習指導要領上では「メディア・リテラシー」という言葉が使われていないため、教科書においてその言葉を使わなくても文部科学省の教科書検定を通過させることはできる。それにもかかわらず、これだけの教科書でこの言葉を使っているということは、情報教育の一環としてメディア・リテラシーという言葉の意味を知り、その能力を高めていく重要性が認識されるようになったからだと考えられる。

表 9-1 「社会と情報」の教科書における記述

出版社名	メディア・リテラシーについて説明している箇所
東京書籍 (社情 309) 『新編 社会と情報』	このように情報を批判的に読み取る能力をメディアリテラシーといいます。近年では，メディアリテラシーを「メディアを使いこなす力」と位置づけ，読み取る能力だけでなく，読み取った情報を利用したり発信したりする能力も含めるようになっています。
東京書籍 (社情 310) 『社会と情報 理論編 実 習編』	情報に関する事情を理解したうえで，情報の信憑性や価値を正確に評価できる能力を，従来，メディアリテラシーとよんできた。(中略) 近年では，このように情報を読み解く力だけでなく，メディアを活用する力や，更にメディアで発信する力も含めて，メディアリテラシーということが一般的になっている。 (側注：総務省は，メディアリテラシーという言葉について，「メディアを主体的に読み解く能力」「メディアにアクセスし活用する能力」「メディアを通じコミュニケーションを創造する能力」という3つの要素を含む複合的な能力と定義している。)
実教出版 (社情 311) 『最新社会と 情報 新訂 版』	このように情報社会を生きていくには，メディアからの情報を主体的に読み解く能力やメディアにアクセスして活用する能力，メディアを通じてコミュニケーションを行う能力などを身に付けることが求められる。これらを総称してメディアリテラシーという。
実教出版 (社情 312) 『高校社会と 情報 新訂 版』	マスメディアで報じられた情報をさまざまな視点で分析・評価し，情報の真偽を正しく判断する能力，また文字や画像などさまざまなメディアを活用して効果的な形態で表現する能力をメディアリテラシーという。
開隆堂出版 (社情 313) 『社会と情報』	情報には必ず発信する人の意図が存在します。わたしたちはメディアによって伝えられるさまざまな情報の中から，適切な情報を選択し，意図を読み解き，内容の真偽を見分ける必要があります。このような能力をメディアリテラシーといい，すべての人に求められている能力です。 (側注：メディアリテラシーの概念 ①メディアの特性を理解し，それを目的に合わせて選択し，活用する能力。 ②メディアから発信される情報の内容について，批判的に吟味し，理解する。内容を評価し，自ら進んで選択する能力。 ③メディアを通じて相互作用的なコミュニケーションを創造する能力。)
数研出版 (社情 314) 『改訂版 高 等学校 社会 と情報』	メディアで報じられた情報を客観的に評価したり，メディアを用いて効果的に情報を発信したりする能力をメディアリテラシー (medialiteracy) という。
数研出版 (社情 315) 『社会と情報 Next』	テレビや新聞，インターネットなどから伝えられる情報の真偽をきちんと見きわめて，メディアを適切に活用すること (能力)。

日本文教出版 （社情316） 『新・社会と 情報』	メディアリテラシーとは、メディアの意味と特性を理解したうえで、受け手と して情報を読み解き、送り手として情報を表現・発信するとともに、メディア のあり方を考えながら行動していくことができる能力のことである。
日本文教出版 （社情317） 『新・見てわ かる社会と情 報』	メディアにアクセスし、情報を正確に読み取り活用する能力や、メディアを通 じてコミュニケーションできる能力を指す。
第一学習社 （社情318） 『高等学校 改訂版　社会 と情報』	情報の発信者は、なんらかの意図をもって情報を発信している（図④）。そのた め、発信者の意図を理解した上で、情報を適切に利用することが必要である。 このような能力をメディアリテラシーとよぶ。

5. 情報モラル教育とメディア・リテラシー

　情報教育が扱う学習内容の中には、「情報モラル」に関するものがある。学習指導要領解説において、「情報モラル」は、「情報社会で適正な活動を行うための基になる考え方と態度」で「具体的には、他者への影響を考え、人権、知的財産権など自他の権利を尊重し情報社会での行動に責任をもつことや、犯罪被害を含む危険の回避など情報を正しく安全に利用できること、コンピュータなどの情報機器の使用による健康との関わりを理解することなどである」と説明されている（文部科学省　2017）。

　近年、技術開発と普及が急速に進むことで、運用側、利用者側による文化やルールの成熟を待たずして、新しいコミュニケーションの場が拡大していくことがある。例えば、あるSNSのサービスが運営側によって作り出され、利用者がそれを利用する中で新しい使い方を生み出したり、運営側が新しい機能を付け加えたりして、その場の文化やルールが形成される。しかし、多様な価値観をもった利用者が急激に増えることによって、その文化やルールが成熟する前に変化していく混沌とした状況が生じる。そうした環境の中で、トラブルも生じやすくなっている。

　現代社会の出来事を考えると、被害者にならないように注意するだけでな

く，不用意な行動によって加害者にならないよう注意する必要もある。その際，既存のルールやマナーを理解することに加えて，これまでにない新たなルールやマナーのあり方を考えていく必要がある。それにはデジタルメディアの特性を踏まえて議論を重ねていかなくてはならない。この点は，まさにメディアのあり方を考え行動していくメディア・リテラシーと関連する点であるといえる。

　情報技術の進展・普及によって生じた問題の例を表9-2に示した。こうした問題のうち，いくつかは法的な整備に基づいて対処できるものもある。あるいは，技術開発によって解決できる問題もある。さらに，トラブルに巻き込まれないようにするためのマニュアル的な知識によって解決できる場合もある。しかし，コミュニケーションのトラブルや依存症の問題など，複雑な問題を孕んでいるものもある。

表9-2　情報化によって生じた問題の例

1.　情報の発信と受容する際の判断に関する問題 （デマ，うわさ，詐欺，誤報，ワンクリック詐欺）
2.　コミュニケーショントラブルの問題 （メール・掲示板・チャットでの誹謗中傷）
3.　知的財産権の侵害に関する問題 （著作権侵害）
4.　情報資産を脅かす脅威とセキュリティ対策に関する問題 （ウイルス・ワーム，不正アクセス，改ざん，個人情報流出，サーバ攻撃，カード番号・パスワードの盗聴）
5.　電子商取引でのトラブルに関する問題 （詐欺，なりすまし）
6.　トラフィックに関する問題 （チェーンメール）
7.　有害情報の公開と受容に関する問題 （爆発物の製造方法，ポルノ，自殺マニュアル，死体画像，ドラッグ販売，プライバシー侵害）
8.　ネット中毒に関する問題 （引きこもり，依存症）
9.　出会い系サイトに関わる犯罪の問題 （売春，誘拐，拉致・監禁）

　例えば，表現の自由と規制の問題などは，単純に答えを出せる問題ではない。多様な価値観をもつ人々と共生していく上で，何が問題のある表現かを決めることは難しい。表現の自由が人々を犯罪へと導き，社会の秩序を乱し，衰退を招くようなものであったとしても，権力による規制が表現の自由を奪うことによって独裁や抑圧を生じさせることは，民主主義を志向する社会においては避けなければならない。権力による規制ではなく，別の方法で秩序を保つやり方を生み出していく必要

がある。

　こうした問題の解決には，正解がひとつに決まる知を暗記するということで
は対応できない。新しい知を生み出す議論が必要になる。メディアの特性を理
解していなければ，そうしたメディアのあり方を議論することはできない。そ
のために，私達すべての社会構成員にメディア・リテラシーが備わっていなけ
ればならない。情報モラルとも関連して，メディア・リテラシーとその教育に
関する必要性が高まっているのである。

■▼　6. 情報教育にないメディア教育の特徴　▼■

　以上のように，別々のルーツをもつ情報教育とメディア教育は，相互に影響
を与えながら発展してきた。情報技術によって生み出された新たなメディアの
社会的な影響力が大きくなるにつれて，情報教育はメディア・リテラシーの育
成も目指すようになってきた。同様に，時代の流れの中で新しいメディアにお
けるメディア・リテラシーもその対象とするメディアの範囲を広げている。

　つまり，相互に研究・教育の領域を拡張する中で，互いに重なる部分が大き
くなってきているのである。既存メディアが ICT 技術と結び付く中で，メデ
ィア・リテラシーの中に情報活用能力の要素が，コミュニケーションが多様に
なるにつれて情報活用能力の中にメディア・リテラシーの要素が，組み込まれ
るようになってきた。このような情報教育とメディア教育の接点を見出すこと
ができる。

　情報教育においてメディア・リテラシーと関連のある内容を扱う際には，情
報活用能力のみならず，メディア・リテラシーの育成を意識して教育実践に取
り組むことが望ましい。その一方で，どちらかの要素が抜け落ちてしまわない
ように注意しなければならない。

　例えば，「情報収集」について学ぶ学習活動について考えてもらいたい。情
報活用能力の育成においては，「効率よく情報収集するための技能とそれを支
える技術の理解」が重視される。そのため，検索キーワードの入れ方として

「AND 検索，OR 検索，NOT 検索」を使いわけて自分のほしい情報を絞り込む方法や，検索結果の見出しや概要文で必要な情報か判断する方法，検索結果の出る順番のアルゴリズムなどについて学ぶ。一方，メディア・リテラシーの育成においては，「この資料（例えば新聞記事）は，なぜこの話題をこのような表現の仕方でとりあげたのか」といったように，送り手の意図について読み解くことが重視される。「人の役に立ちたい」「見た人を楽しませたい」「自分の立場を有利にしたい」「お金を儲けたい」など，社会的・文化的・政治的・商業的側面が内容に反映されている。情報収集の方法が理解できても，そこで扱われていることの社会的な位置づけが理解できなければ，十分ではなく，どちらのアプローチも欠かすことはできないのではないだろうか。

　次に，「情報発信」について学ぶ学習活動について考えてもらいたい。情報活用能力の育成においては，目的を達成させるために「わかりやすく伝える」ことが重視される。そのため，発表するスライドのデザイン，文字の大きさや色，アニメーション機能などの設定の仕方などについて学ぶ。また，声の大きさや話すスピードが適切かどうかなどについて相互評価させるといった実践が行われる。一方，メディア・リテラシーの育成においては，目的を達成させるために「相手にとって説得力がある表現方法になっているか」を重視する。誰のために，何のために伝えるのか，そこには相手意識や目的意識がある。見た目が分かりやすいかどうかも重要であるが，受け手が提案を聞いて行動を起こすためには，受け手にとって魅力的な内容や形式を選択することが重要になる。こうした違いを理解した上で，重要な要素が抜け落ちることがないように留意して，授業をデザインすることが重要である。

　最後に，「情報活用能力を育むための情報教育」では扱うが，「メディア・リテラシー育むためのメディア教育」では扱わない内容，また，その逆のことについても確認しておく。例えば，メディア・リテラシーに関する教育で，プログラミングやアルゴリズムなどを主目的として取り扱うことはあまりない。一方，情報教育で大衆文化研究やジェンダー，ステレオタイプなどの内容を取り扱うことはあまりない。メディア教育は，メディアの特性理解を含む社会的・

文化的な意味解釈・表現発信に力点があるといえる。

　しかしながら，これまでの歴史的な経緯と同様に，必要に応じて相互が内容を含み込み，その内容を拡張していく可能性はある。そのため，今後もその時代や社会に適したメディア・リテラシーのあり方を問い直していくことが重要である。

Chapter 10

メディア教育用教材の開発

1. メディア教育を支援する教材の意義

　教師がメディア・リテラシーを育む教育実践の存在を知り，その重要性を理解したからといって，すぐに授業が実践できるとは限らない。教師がひとりで何もないところから授業をデザインしたり，教材を開発したりするのは，それなりに負担が大きいため実践にまで至らないということがある。また，特に自分自身がメディア教育を受けた経験がない教師の場合，どのように教えてよいかイメージが湧かないため実践できないということも考えられる。教師は教員研修会に参加することや書籍，Web サイト等で情報を収集することを通じて，メディア・リテラシーを育むための学習内容や教育方法について学ぶ必要がある。

　こうした状況において，メディア・リテラシーに関する授業を実践するための敷居を低くするには，教師を支援する様々な教材やガイドを開発・共有することが有効である。教材は，教育活動を効率よく進めるために活用されるのはもちろんのこと，授業をイメージするためのガイドにもなり得ると考えられる。教師は，教材の活用を通じて，メディア・リテラシーに関する教育内容や教育方法を身に付けていくことが期待される。

　メディア・リテラシーに関する教材開発の取り組みは，それほど数は多くないが地道に行われてきた。例えば，放送・通信を管轄する総務省はメディア教育用の教材開発に取り組んでいる。また，自らもメディア産業を担っている放送局が提供する学校放送番組もある。これらの企画・開発には，研究者や実践者が関わっている。また，研究者が独自に科学研究費や財団の助成を受けるなどして，研究・開発・公開している教材もある。

以下では，メディア教育を支援する教材として，どのような立場から支援が行われているのか，何をどのように教えようとする教材があるのか確認するとともに，その成果と課題について検討する。

2. 総務省による教材

　国の取り組みとしては，総務省が行っているメディア・リテラシー教材の開発と普及を目指す事業がある。総務省は，放送と情報通信の分野を管轄しており，教材に関しても放送分野と情報通信に関する2つの事業が行われてきた。
　まず，放送分野に関するものとしては，青少年健全育成の観点からメディア・リテラシーの向上に取り組んでおり，小・中学生および高校生用のメディア・リテラシー教材と教育者向けのガイドを開発し，広く貸し出している。これらの教材は，総務省が公募して，教師，研究者，企業等が開発したものである。ほとんどの教材で，その教材を使った指導案，ワークシート，実践レポートなどが提供されている。こうした情報によって，教材をどのように使えばよいかわからない，どのような授業をすればよいかわからないといった教師の不安を解消することができると考えられる。
　郵送による貸出を行っているDVD映像教材や印刷物の教材だけでなく，インタラクティブ性のあるデジタル教材もWebサイト上に公開されている（図10-1）。Webサイト上からいつでも誰でも活用することができるため，子どもたちの家

図10-1　放送分野におけるメディア・リテラシー教材（総務省）

庭学習に活かすこともできるし，大学生や大人も閲覧して学ぶことができる。

　情報通信に関わるメディア・リテラシーの育成に関しては，「ICT メディアリテラシーの育成」に関する教材の開発・提供を行っている。これは小学生（高学年）向けと中高生向けに「ICT メディアリテラシー」を総合的に育成するプログラムを業者に委託して開発したものである。今後の ICT メディアの健全な利用促進を図り，子どもが安全に安心してインターネットや携帯電話等を利活用できるようにすることを目指している。

　「ICT メディアリテラシー」という言葉は，学術的な用語として使われることはほとんどないが，この総務省の教材では，「ICT メディアリテラシー」を，「単なる ICT メディア（パソコン，携帯電話など）の活用・操作能力のみならず，メディアの特性を理解する能力，メディアにおける送り手の意図を読み解く能力，メディアを通じたコミュニケーション能力までを含む概念」と定義している。この「ICT メディアリテラシー」を育むために，小学校高学年向けと中高生向けの教材が用意されている（図 10-2）。

　Web サイトでは，テキスト教材として，「ティーチャーズガイド」「学習テキスト」「家庭学習用ガイドブック」「学習ワークブック」をダウンロードできるなど，誰もが実践可能なように細かな資料が準備されている。

　小学校高学年向け教材としては，「ICT シミュレーター」というインタラクティブな Web 教材が用意されている。「検索」「ブログ」「ケータイ」「迷惑メール」「メールでのけんか」「掲示板」「チャット」といった学習内容に関して，疑似体験しながら学べる教材が準備されている。こうした教材を使いながらワークシートに記入したり，教室内で議論したりする中で，ICT 機器を活用したコミュニケーションについて学んでいく。

　中高生向けの教材としては，ビデオクリップ，シナリオ，スライド，掛図，ワークシート，アンケート，指導資料などをダウンロードできるようになっている。まず，ビデオクリップのドラマを視聴し，学習者がワークシートに考えたことを記入する。例えば，自他尊重のコミュニケーション能力について考えさせる題材では，ある生徒が部活の試合でライバルに勝ったことを「結構，楽

勝」とブログに書いてしまい，その書き込みに対して不特定多数から批判的な書き込みがなされるというストーリーのドラマを視聴する。視聴後，登場人物の振る舞いとして，何がよかったのか・よくなかったのかなどの問いに対する回答を考え，シートに記入する。その後，提示用スライド

図10-2　総務省「ICTメディアリテラシー」教材

などを使って教師が解説したり，教師から学習者に問いかけたりしたりしながら授業を進めていくことが想定されている。このような日常的に直面しそうなシチュエーションにおいて，どのように意思決定するとよいかを考えさせる教材である。

　これらの教材開発・普及については，放送と情報通信を管轄する総務省が行っている事業であるため，取り扱うメディアの範囲は限定されたものである。また，必ずしも学校教育を対象としたものばかりではなく，広く青少年を対象としていることから，学校教育の枠組みの中では活用しにくい教材も含まれる。さらにいえば，学校現場でこうした教材の存在自体が認知されていないケースもあるため，広報の方法についての課題もある。こうした制約や課題はあるものの，メディア・リテラシーを社会生活に必要な素養として捉え，行政の立場からそれに関する事業が行われてきたことは注目に値する。

3. 公共放送の取り組み

　NHKは，学校放送番組として，メディア・リテラシーの育成を目指した番

組の制作・放送を行ってきた。例えば，次のような番組が放送されてきた。

（1）「しらべてまとめて伝えよう〜メディア入門〜」

（参考：『NHK テレビ・ラジオ学校放送・小学校 4 年』）

　2000〜2004 年度に放送された「しらべてまとめて伝えよう〜メディア入門〜」は，小学校 3・4 年生の情報分野を対象とした 15 分番組である。番組では，小学校 3・4 年生の子ども達が，デジタルカメラ，ビデオカメラ，パソコン，インターネットなどのツールを活用しながら，自ら取材して情報を集め，壁新聞や Web ページの形にまとめて情報発信する姿をドキュメントする。各回のテーマとしては，「地域のスクープをさがせ」「リサーチの達人をめざせ！」「メディアを使いこなせ！」「密着取材！　お店の人」「ビデオカメラでロケに出発！」などが扱われた。

（2）「体験！メディアの ABC」

（参考：http://www.nhk.or.jp/archives/teachers-l/list/prog/abc.html）

　2001〜2004 年度に放送された「体験メディアの ABC」は，小学校高学年の総合的な学習の時間を対象とした 15 分番組である。メディアでよく使われる手法を実際に体験して，情報の発信力と受容能力を同時に育む「体験コーナー」と，マスメディアの世界で働くプロの仕事を紹介する「メディアのプロコーナー」で構成されている。各回のテーマとしては，「映像の合成」「アップとルーズ」「照明」「アニメーション」「ビデオの撮影」などが扱われた。

（3）「ティーンズ TV メディアを学ぼう」

（参考：http://www.nhk.or.jp/archives/teachers-l/list/prog/media.html）

　2005〜2006 年度に放送された「ティーンズ TV メディアを学ぼう」は，中学・高校の総合的な学習の時間を対象とした 20 分番組である。情報化社会を生きる中学・高校生にメディア・リテラシーを育んでもらうことを目的としている。テレビ番組や CM などの制作現場の裏側を取材し，マスメディアで発

信される様々な情報がどのように作られているのか，その仕組みを紹介し，情報を主体的に選択し受け取る力を養う。各回のテーマとしては，「企画を立てる」「著作権を考える」「情報を選択する」「CMをつくる」「メディアを組み合わせる」などが扱われた。

(4) 「10min. ボックス　情報・メディア」

(参考：http://www.nhk.or.jp/sougou/10min_joho/list_2012.html)

　2007～2013年度まで放送されていた「10min. ボックス　情報・メディア」は，主に中学校の技術科 (情報分野)・高校の情報科や総合的な学習の時間，国語科などでの情報読解や情報発信，あるいは社会科での学習を対象にした10分番組である。パソコンや携帯電話など，身の回りの情報環境やメディアのあり方について学習するための映像資料を提供している。各回のテーマとしては，「メディアの特徴」「動画サイトの可能性」「ゲームを作る」「マスメディアを利用して情報を伝える～PR～」などが扱われた。

(5) 「伝える極意」

(参考：http://www.nhk.or.jp/sougou/gokui/origin/program.html)

　2008～2012年度まで放送されていた「伝える極意」は，小学校高学年の主に総合的な学習の時間・国語を対象とした15分番組である。表現力が乏しくコミュニケーション能力に欠けると指摘される現代の子ども達に「自らの考えを伝わるように伝える力」を育むために，文章，話し方，映像などの表現手法の心得，"極意"を伝える番組である。番組では，「伝える」ことに挑戦する子ども達と，それを導く表現の達人たちの姿を通して，様々な伝える手法の特徴や活用方法をわかりやすく紹介している。各回のテーマとしては，「聞きたいことを聞き出すために～インタビュー～」「この1枚に思いを込めて～写真～」「ポスターを作ろう！～キャッチコピー～」「物語を作ろう！～組写真～」などが扱われた。

（6）「メディアのめ」

（参考：http://www.nhk.or.jp/sougou/media/list_2012.html）

2012～2016年度現在継続中の「メディアのめ」は，小学校4～6年生・主に総合的な学習の時間を対象にした10分番組である。テレビ，雑誌，インターネット，携帯電話など様々なメディアからの情報が溢れている中で，子ども達には，大量の情報を取捨選択して受け止めるとともに，積極的にメディアを使いこなしていく力が必要になる。ジャーナリストの池上彰さんを案内人に，子どもの身近なメディアへの疑問を入口として，様々なメディアの世界を探る。各回のテーマとしては，「お客の心をつかむ！　ポップの言葉」「発見！グラフのちから」「感動を生み出す！ドラマの演出」「匿名？本名？インターネットでのつき合い方」などが扱われた。

（7）「メディアタイムズ」

2017年度～2020年度現在継続中の「メディアタイムズ」は，小学4～6年および中学校を対象として「総合的な学習の時間」「社会」「国語」などの時間に活用されることを想定した10分番組である。メディアに関わる情報を動画にまとめて世の中に役立つよう発信する会社（メディアタイムズ）に関わる4名の登場人物が，取材した内容をもとにメディアのあり方について話し合い，対話を促すような問いを投げかけるドラマ形式の番組である．番組視聴後，教室で仲間と話し合うことを通して「メディア・リテラシー」を身につけようとする点に特色がある．以下に各回のテーマと問題提起されるメディアを取り巻く多様な考えについて示す。これらは，2020年度の番組Webサイトで公開されている情報をもとに著者が言葉を補って作成したものである。

（1）好きなことができる？　動画クリエイター
「人を不快にさせるかもしれないが，面白い動画」にしてほしいと思っている人もいれば，「面白くなくてよいので，人を不快にさせない動画」にしてほしいと思っている人もいる。

（2）"心を動かす" キャッチコピー

　　キャッチコピーは，「ある程度なら大げさに表現してもいい」と思っている人もいれば，「少しでも大げさに表現してはいけない」と思っている人もいる。

（3）写真は "ありのまま" を伝えている？

　　飲食店のチラシに載せるなら「おいしそうに見えないとしても，そのままを写している写真がよい」と思っている人もいれば，「加工されているけれど，おいしそうに見える写真がよい」と思っている人もいる。

（4）この記事どう思う？　ネットニュース

　　ネットニュースのコメント欄は，「信用できない場合もあるから参考にしない方がよい（コメント欄はないほうがよい）と思っている人もいれば，「気づかなかったことに気づかせてくれるから参考にした方がよい（コメント欄はあったほうがよい）」と思っている人もいる。

（5）フェイクニュースを見抜くには

　　フェイクニュースに関して，「ネット上にウソをのせたら罰するルールを作るべき」だと思っている人もいれば，「人を楽しませる冗談までなくなるルールはないほうがよい」と思っている人もいる。

（6）ターゲットはあなた！　ネット広告

　　ネット広告に関して，「求めている情報を提供してくれるのは便利なので，自分の好みを知られてもよい」と思っている人もいれば，「求めている情報を提供してくれなくてよいので，自分の好みを知られたくない」と思っている人もいる。

（7）どこまでつながる？　SNS

　　SNS では，「自分と似た考えの人とだけつながるべき」だと思っている人もいれば，「自分と違う考えの人ともつながるべき」だと思っている人もいる。

（8）どこまでが OK？　著作権

　　二次創作は，「面白いものが生まれるから認めるべき」だと思っている人もいれば，「作者の気持ちに反するからすべて禁止すべき」だと思っている人もいる。

（9）何を選んで伝える？　テレビニュース

　　テレビニュースは，「かたよった見方にならないよう事実だけを伝えるべき」

だと思っている人もいれば,「参考になるから意見も伝えるべき」だと思って
いる人もいる。

(10) 正確に分かりやすく! 情報番組

情報番組は,「楽しめるように,都合のよい情報を強調しても構わないと思っ
ている人もいれば,「楽しめなくてよいので,都合の悪い情報も強調して伝え
てほしい」と思っている人もいる。

(11) どうあつかう? 統計調査

調査した結果を伝えるときには,「データから分かることも伝えたほうがよ
い」と思っている人もいれば,「データだけ示して何が分かるかは伝えないほ
うがよい」と思っている人もいる。

(12)"リアル"に見せる! ドラマの演出

ドラマの演出は,「かたよったイメージを植えつけることになっても,伝わり
やすいほうがよい」と思っている人もいれば,「伝わりにくくなったとして
も,かたよったイメージを植えつけないほうがよい
と思っている人もいる。

(13) 伝える意図を明確に 映像編集

映像の編集は,「流れがわかりにくくても,迫力がよくわかるほうがよい」と
思っている人もいれば,「迫力がなくても,流れがよくわかるほうがよい」と
思っている人もいる。

(14) 記憶に残る CM づくり

「インパクトは強いけど意味がよく分からない CM がよい」と思っている人も
いれば,「説明的でつまらないけれど意味は分かる CM がよい」と思っている
人もいる。

(15) アニメは自由に表現できる?

「アニメは,自由な表現を大切にするほうがよい」と思っている人もいれば,
「アニメは,表現に規制をかけるほうがよい」と思っている人もいる。

(16) 話題を巻き起こす! PR

PR を通して生まれたニュースについて,「悪いことを伝えていないから参考
にしない方がよい」と思っている人もいれば,「いいことだけを伝えていても
参考にした方がよい」と思っている人もいる。

（17）みんなで作る！ 口コミサイト

　「お店を傷つける可能性があるからマイナスの口コミはのせるべきではない」
　と思っている人もいれば，「個人の意見を共有するためのサイトだからマイナ
　スの口コミものせるべき」と思っている人もいる。

（18）どうやって作られる？ イメージ（ステレオタイプ）

　ステレオタイプについて気をつけるべきなのは，「伝える側」だと思っている
　人もいれば，「受け取る側」だと思っている人もいる。

（19）身につけよう！ メディア・リテラシー

　メディアのあり方について「みんなで話し合ってルールをつくるべき」だと
　思っている人もいれば，「一人一人が積極的に考えて意識を高めるべき」だと
　思っている人もいる。

（20）思いを届ける新聞づくり

　「誤解を生むかもしれないが言いたいことが伝わる記事がよい」と思っている
　人もいれば，「くわしいが何が言いたいかよく分からない記事がよい」と思っ
　ている人もいる。

　このようにメディアを取り巻く多様な考えが社会には存在していることを認
めた上で，「社会全体にとって望ましいメディアのあり方とはどのようなもの
か？」「送り手，受け手に必要とされるメディア・リテラシーとはどのような
ものか？」ということを問う内容となっている。いずれも自分とは異なる他者
の考えを理解しておかなければ，メディアのあり方を考える上で建設的な議論
をすることはできない。どちらかの立場が正しいと決めるものではなく，自分
が当たり前と思っていることが当たり前ではないと気づき，異質な他者と共生
していくための社会を目指して，メディア・リテラシーを身につけることが重
視されている。

　以上のように2000年頃から，途切れることなくメディア・リテラシーに関
する番組作りが継続的に行われてきた。学習指導要領（小・中学校：平成29年3
月告示，高等学校：平成30年3月告示）に「メディア・リテラシー」という言葉自
体は登場しないにも関わらず，そのような意思決定が行われてきた背景には，

学術的にその意義が提出されてきたことと，NHK が公共放送を担うメディア
として社会貢献を果たそうとする姿勢があるものと推察される。

4. 研究者による教材開発

　科学研究費や財団などの助成金を受けた研究者によって開発された教材もあ
る。それらは，社会状況における必然性，授業設計・指導方法の未開発，学習
リソース不足，教師支援の不足などを問題意識として開発されてきたものであ
る。

（1）教師用リソースガイド

　中橋ら（2008）は，科学研究費助成を受けて行った研究の一環として，経験
が少ない教師でもメディア教育を実践できるようにモデル実践から授業設計・
指導方法を学ぶことができる教師用のリソースガイドを開発した。モデル実践
の意図・活動を解説するとともに，そこで使用された教材をダウンロードして
活用できる Web サイトである。トップページには単元を構成する複数のステ
ップが提示されており，単元の全体像を把握できるようになっている。そし
て，ステップごとに詳細を開くと授業のねらいや工夫が提示される。そこで
は，授業で使うサンプル素材・制作用ワークシート・評価シートなどをダウン
ロードして活用できるようになっている。

　このリソースガイドの特徴は，水越（1974）が実践研究のために用いたマト
リクスに活動場面の画像を配置し，学習活動の流れを視覚的に把握しようとし
たところにある。「制御と発見」と「知識・技能と見方・考え方」の2軸から
なるマトリクス上で，学習活動の流れと教師の役割を視覚的に理解できる（図
10-3）。このことによって，「教師主導で進める指導場面」と「子どもが主体的
にメディア制作に取り組む活動場面」をうまく組み合わせる教育方法をイメー
ジすることができる。

　教材では，学校の知られざるよいところを保護者に伝えるための映像をデジ

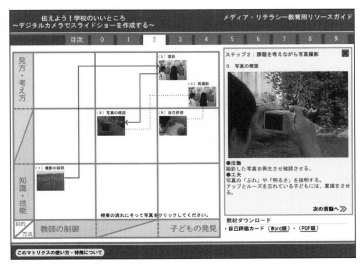

図 10-3　マトリクスに活動場面の画像を配置したリソースガイド

タルカメラで撮影し，ナレーション・BGM 付きのスライドショーを制作する学習をモデル実践として取り上げている。アップとルーズを工夫して撮影した複数の写真から必要なものを選択・構成し，映像・文章（ナレーション）・音楽の組み合わせによって，メディアとしてのメッセージを構成する実践である。

　これは，小学校 4 年生の国語科「アップとルーズを工夫する」という説明文を通じて映像の特性を学習した後，その知識を活かす形で「伝えよう！　学校のいいところ」という単元で実践されたものである。この実践は，教師主導で指導に当たる場面と子どもが主体的に思考する学習場面が含まれている。どうすれば自分達の伝えたいことを伝えることができるのか，グループ活動の中で話し合い，思考し，判断し，表現する場面を数多く設定している。

（2）映像の特性を学ぶ教材

　中橋ら (2013) は，映像の理解・制作に関するメディア・リテラシー教育用 Web 教材「メディアを学ぼう【教科情報】」(http://mlis.jimdo.com/) を開発した

（図10-4）。これは，公益財団法人パナソニック教育財団「平成22年度先導的実践研究助成」の支援を受け開発されたものである。

　映像の理解・制作に関して学ぶことは，以前と比べてもその重要性が増している。その背景には，ビデオカメラだけでなく携帯電話のカメラ機能など動画を撮影できる機器が普及したことや，データ圧縮技術の発達とインターネットのブロードバンド化によって動画配信が実用的なものになったことなどがある。さらに，動画共有サイトが登場したことなどにより，市民が撮影・編集した映像を広く発信できるようになった。こうしたことから，大手のメディア関連企業が発信する情報に偏ることなく，様々な立場の人々から幅広い情報を得ることができるようになった。

　一方，経験の浅い素人が多くの映像を発信することで，質の低い作品や信憑性のない情報が溢れかえることも危惧される。情報発信の責任について学ぶことや受け手として情報の質を見抜く目を養っていく重要性が高まっている。そのため，映像の理解・表現に関するメディア・リテラシーを市民が獲得することは急務である。

　この教材は3つのコンテンツから成り立っている。1つ目は，メディアの定義に関して図解を交えて学んだり，マスメディアやパーソナル

図10-4　Web教材「メディアを学ぼう【教科情報】」

メディアといった分類からメディアの特徴を捉えたり，新聞・テレビ・インターネットなどのメディアがもつ速報性・一覧性・同期性などの特性を学ぶものである。主に解説が多い知識理解型の教材であるが，「メディアの特性」のページでは，特性ごとにメディアを分類するコンテンツがある。この分類を行う際，学習者が画像をドラッグアンドドロップして枠に引っ張り理由を説明するなど，画面に触れて操作できる電子黒板を有効活用した活動もできるようになっている（図10-5）。

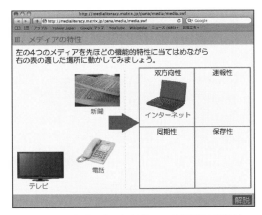

図 10-5　ドラックアンドドロップで分類する教材

2つ目の教材は，映像の特性を理解するための教材である。学習者は，未完成の「カレールーのCM」に，BGM，キャッチコピー，キャッチコピーの色を選んでCMを完成させる。

図 10-6　素材を選択して CM を完成させる

例えば，カレーを食べたくさせるなら暗い曲よりも明るい曲の方が適切なのではないか，また，ファミリー層をターゲットとするのであれば「夏だ！カレーだ！」よりも「愛情たっぷり！」といったキャッチコピーの方が適切なのではないか，といったように論拠をもって選択する。それによって，メディアは受け手のニーズを踏まえた送り手の意図によって構成されることを学ぶ。複雑な映像編集をする手間と時間を省略し，素材を選択していくだけで，CMができあがる（図10-6）。学習者の考え次第で多様な作品が生まれるので，

http://medialiteracy.matrix.jp/pana/camerawork/camerawork.swf

★シーン1〜撮影手法の色々〜

カット1の裏側

本編映像　　　　　　メイキング映像

図10-7　メイキング映像でアングルを学ぶ

なぜその表現を選んだかということについて学習者同士が話し合う機会を作ることができる。学習者は，ターゲットや目的に応じて伝え方を変える必要があるということや，まったく同じ映像でもBGM・テロップ・色などを変えることで印象やメッセージそのものに影響があることを実感できる。

　3つ目は，サンプルのドラマに見られるカメラワークを分析し，映像の表現手法を学ぶための教材である。複数のシーンで構成されたドラマの映像に含まれる各シーン，各カットがどのように撮影されたものなのか，実際の映像を使って解説する。各シーンについて，本編映像とメイキング映像を見比べることができる「撮影の裏側」や，失敗例などを提示しながら説明する「撮影時の注意点」，違和感のない編集方法を学ぶ「編集時の注意点」など，複数の観点から説明されている（図10-7）。学習者は，制作の過程で，どのようなカメラワークや編集の工夫があるのか，視覚的に理解することができる。例えば，カメラが下から見上げるようにローアングルで撮影された人は自信があるように見えるが，見下ろすようなハイアングルから撮影された人は頼りなく見えるなど，同じ人でも印象が変わることがある。このような解説から，伝えたいことに応じたカメラのアングルや位置，動かし方，構図など，自分たちが映像制作をしようとする際に役立つ知識を得ることができる。

（3）失敗から学ぶことを重視する教材

　稲垣ら（2011）は，「あつまと＋つくつた〜情報活用を助けるWeb教材」を開発した（http://www.ina-lab.net/special/tsukutsuta/）。「あつまと」は，「図書」

「ウェブ」「インタビュー」「アンケート」といった手法を用いて，情報を収集してまとめる学習活動を支援する教材である。一方，「つくつた」は，学習活動において「プレゼン」「新聞」「ビデオ」「リーフレット」などのメディアを制作する学習活動を支援する教材である（図10-8）。これらは，公益財団法人パナソニック教育財団「平成23・24年度先導的実践研究助成」の支援を受け開発された。

図10-8 「あつまと＋つくつた」Webサイトトップページ

失敗を疑似体験することで，同じ間違いをしないためのポイントを学ぶ本教材の中から，ここでは中橋ら（2012）が開発した「ビデオ」

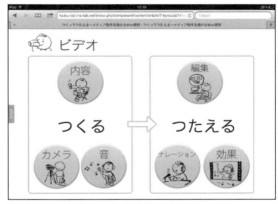

図10-9 「ビデオ」の学習内容

を題材とした教材を例に挙げる。サンプル映像から作品のよいところ，悪いところを学ぶ教材である。

まず，「ビデオ」を選択すると「内容」「カメラ」「音」「編集」「ナレーション」「効果」といった学習内容のメニューが表示される（図10-9）。いずれかを選ぶと，その項目ごとに「Sすばらしい」「Aよくできている」「Bあと一歩」「Cがんばろう」という4段階のルーブリック（学習達成度の基準）が表示される（図

図10-10　項目ごとのルーブリック

10-10)。例えば,「カメラ」についてであれば,「S　カメラをゆらさずに,撮影するものの大きさや,カメラの向きや使い方を工夫しています」「A　カメラをゆらさずに,撮影するものを,ちょうどよい大きさでとっています」「B　カメラはゆれていませんが,撮影するものが,小さすぎたりしています」「C　カメラがゆれていたり,暗かったりしてよくとれていません」といったように小学生でも理解できるような到達目標が設定されている。

　この画面には,S・A・B・Cそれぞれに「サンプル」と「解説」のボタンがある。「サンプル」を選択すると,それぞれの段階に対応する作品例が再生される（図10-11)。ここでのサンプルは,「突撃！となりのおぞうに調査隊」というタイトルの番組で,「佐藤さんが西さんのお宅を訪問して,お正月に家で食べるお雑煮の特徴を視聴者にレポートする」という目的をもった映像作品である。

　ルーブリックの画面で「説明」のボタンを選択すると,工夫点や改善点を説明するテロップがサンプルの映像に重ねて表示される（図10-12)。Sのサンプルは成功例で,Cのサンプルは失敗例,AとBはその中間を示すものとなっている。こうしたサンプルや解説の映像から,自分達の作品を改善するためのヒントを得ることがこの教材の目的である。

　この教材の特徴のひとつは「失敗例から学ぶ」という要素を取り入れていることである。理想的な完成形のモデルのみを示す教材が多い中,あえて作品の失敗例を示して改善ポイントを意識させることで,学習者は自分達の作品を質

的に向上させる具体的な方策を議論できるようになると考えられている。

畑村 (2000) は，予期しないことが起こり，思い通りにならない経験から真の理解の必要性を痛感する状況における学習の有効性を主張している。その際，「学ぶ人間が自分自身で実際に『痛い目』にあう，あるいは，自分で体験しないまでも人が『痛い目』にあった体験を正しい知識とともに伝える」ことが重要だという。この考え方が映像制作の教材設計に援用されている。すなわち，自分が作品を制作する過程において，制作物の至らない点，つまり失敗している点を発見して改善することが，意義のある学習になるという考え方である。

図10-11 「サンプル」の再生画面

図10-12 「せつめい」の再生画面

しかし，「自分の失敗」は他者から指摘されないと気付くことができない場合が多い。また，ただ他者から指摘された通りに修正を加えるだけでは自分の学習にならないという難しさがある。そのことについては，人の「失敗例」に対して問題点を指摘し合う学習活動が有効であろう。とはいえ，自分が作ったものに対する批判を建設的に受け止めるには，作品をよいものにしたいという強い思いが必要である。学習の初期の段階で，むやみに批判し合うことは，意欲を失わせてしまう危険性もある。

その点を踏まえてこの教材では，批判するための作品を教材として提供して

いる。教材のサンプルに見られる問題点を発見し，仲間と議論し，自分たちは「同じ失敗を自分はしていないか」「同じ失敗をしないようにするためにはどうすればよいか」という視点をもって作品を振り返ることができる。

5. 恒常的な支援体制をどう構築するか

　以上のように，行政・公共放送・研究者など，日本においても異なる立場から教育の現場を支援する取り組みが行われているが，まだそれほど数が多くはない。また，ここで紹介した行政，公共放送，助成金を受けた研究者による教材の開発にかかる予算措置は恒常的なものとは言えず，社会の風潮によっては，それがいつまでも続くとは限らない。

　教育分野を管轄している文部科学省は，現時点において前面に出てメディア教育用教材の開発を実行・推進してはいない。また，学習指導要領（小・中学校：平成20年3月告示，高等学校：平成21年3月告示）に「メディア・リテラシー」という言葉は使われていない。

　しかし，平成14年6月に同省より発行された「情報教育の実践と学校の情報化～新『情報教育に関する手引』～」には，「メディアリテラシーの育成」というコラムが掲載され，その重要性が語られている（文部科学省　2002）。また，文部科学省の検定教科書では，社会科，情報科などで「メディア・リテラシー」という言葉が用いられているものもある。社会科において，情報産業の役割を学ぶ単元や世論形成に対するメディアの影響力を学ぶ単元，あるいは国語科を中心として様々な教科で，調べ，学んだことや課題解決学習の成果を，パンフレット，新聞，映像作品などのメディアで表現する言語活動が取り入れられている。メディア・リテラシーの重要性を感じて実践を構想する教師は，こうしたところを拠り所にして実践に取り組んでいる。

　現場の教師は，メディア教育を行う必要性を感じて実践している状況であり，それを支援する体制の芽も出てきている。学習指導要領においてメディア・リテラシー教育を明確に位置付けるよう検討することも含め，こうした支

援体制が恒常的なものとなるよう文部科学省がバックアップすることで，メディア教育を推進していくことが望まれる。

11

日本におけるメディア・リテラシー の研究

1. どのように研究されてきたのか

　メディア・リテラシーに関する教育・研究は，イギリス，カナダ，オーストラリアなど，様々な国において状況に応じた取り組みが行われている。澤野(2004) は，国立教育政策研究所の調査に基づき，13 カ国（シンガポール，韓国，中国，タイ，カナダ，アメリカ，メキシコ，ブラジル，イギリス，フランス，スロベニア，ハンガリー，南アフリカ）におけるメディア・リテラシー教育の特色について報告している。国や自治体の方針を受けた公教育に明確に位置付けられていることもあれば，それを重要と考える教師の裁量で実践が行われている場合もある。また，NPO などによる社会教育が盛んな場合もある。

　もちろん日本においてもメディア・リテラシーの重要性が語られ，研究や教育実践が蓄積されてきた。しかし，歴史的な系譜から見ても明らかなように，日本の中だけでも多様な立場のもとで研究が行われてきただけに，それらが相互に活かされていないことに対し疑問を投げかける研究者もいる。例えば，ヴィジュアル・リテラシーとしてのメディア・リテラシーに関する研究や実践は主に視聴覚教育・放送教育を研究する立場から数多く蓄積されている。しかし，これらの蓄積は現在日本で行われているメディア・リテラシーに関する授業でみられるような，社会的・文化的な意味構成を問題にする実践とは独立して展開され，互いに参考にできるはずの研究知見を共有できているとは言い難いと言われている（山内　2003）。

　様々な立場の研究知見を共有することは，それぞれの立場で進めている研究を発展させるために重要である。どのような状況のもとで，何のためにどのよ

うなメディア・リテラシーが求められるのか，そして，どのような研究が求められるのか，絶えず問い直していくことが重要である。様々な立場があるがゆえに見失いがちなことであるが，そうした営みがなければメディア・リテラシーという言葉だけが独り歩きしてしまい，発展性のある議論を行うことはできない。議論がすれ違えば，共有できるはずの蓄積された知見が無駄になるだけでなく，誤解や混乱が生じる危険性もあるだろう。

　まずは，様々な立場における先行研究があるということを相互に確認していく営みが重要であろう。本章では，わが国において，メディア・リテラシーがどのように研究されてきたのか，取り組まれている研究のアプローチを観点として事例を挙げながら概観する。それぞれの特徴や相互の関係について考察を行う。

2. 研究アプローチの多様性

　ここでは，メディア・リテラシーに関する研究を6つのアプローチに分類し，それぞれの特徴を確認していく。それは，(1) 社会学からの理論的な研究，(2) 諸外国の動向に関する研究，(3) 認知理論と能力育成に関する研究，(4) 教育実践からの研究，(5) 情報教育研究からの研究，(6) 教師教育に関する研究，といった6つのアプローチである。

(1) 社会学からの理論的な研究アプローチ

　主に社会学の領域で，マス・コミュニケーション論，メディア論，カルチュラル・スタディーズ，ジェンダー論などの視座からメディア・リテラシーを捉えている立場である。思想的背景・社会的背景・歴史的背景から，メディア・リテラシーに関する理論を浮き彫りにするものや，実際のメディアに関わる社会現象を考察するものなどがある。

　例えば，吉見・水越 (1997) は，歴史的な視点に立ってメディアと人間・社会の関わりを振り返る中で，メディア・リテラシーを身に付けた人々の登場

が，マスメディアを相対化し，私達のコミュニケーション活動を活発化させ得る可能性について述べている。さらに，水越（1999）は，様々なメディア・リテラシーに関する取り組みを，ソシオ・メディア論という視座から捉え，メディア・リテラシーの可能性と限界点を考察している。

　また，渡辺（1997）は，1990年代に実際に起こったマスメディアの不祥事や事件を取り上げ，社会システムとしてのマスメディアの構造的問題点を指摘しながら，メディア・リテラシーの必要性を述べている。そこで強調されていることは，受け手がクリティカルにマスメディアを読み解くということだけが重要なのではなく，私達を取り巻くメディアがいかなる特性と問題をもち，いかにしたら主権者である国民・市民のためのものとして機能し得るかということの解明と，そこへ至る道筋をつけることが重要なのであるという。メディア業界の社会的責任を追及するとともに，市民が公正なシステム作りに働きかける必要性を指摘している。

　こうした研究は，教育と直接結びつきにくい場合もある。しかし，教育目的や教育方法のみに目を向けるのではなく，リアリティのある社会的な文脈を教育分野に取り込んでいく重要性を指摘してくれるという点で示唆に富んでいる。

（2）諸外国の動向に関する研究アプローチ

　メディア・リテラシーに関する先駆的な研究や実践が行われてきたイギリスやカナダなど，諸外国の取り組みに学ぼうとする立場からのアプローチである。理論的な整理だけでなく，メディア・リテラシーを育む時間が公教育として位置付いている国のカリキュラム，教材，教育支援体制などは参考になるものが多い。

　例えば，鈴木（1997）は，カナダやイギリスなどのメディア・リテラシーに関する理論や国際会議での議論などを踏まえ，グローバルな視点からメディア・リテラシーの取り組みを紹介している。そして，それに基づくメディア・リテラシーの基本的な概念，分析モデルと分析方法，学びの場の作り方と運営

方法を提案している。

　小柳・山内・木原・堀田 (2002) は，メディア・リテラシー教育の教育学的系譜の解明を目指し，レン・マスターマンとデビッド・バッキンガムの論じ方を比較検討しながら，イギリスのメディア・リテラシー教育の枠組みを明らかにしている。そして，日本のメディア・リテラシー教育を矮小化させないためにも，共時的な理解のもとで（＝ある時代に限定した考えのもとで），ただ実践を繰り返すのではなく，通時的な理解の上で（＝歴史的な経緯や蓄積を踏まえた上で）実践を深めていく必要性を述べている。

　菅谷 (2000) は，アメリカ，イギリス，カナダのメディア・リテラシーへの取り組みを取材し，学校教育や市民活動でどのようなメディア・リテラシーに関する実践が展開されているかを紹介している。取材した数多くの実践からは，それに関わる人々の反応として生の声が提示されており，様々な立場の考え方に触れることができる。

　上杉 (2002) は，教師の草の根活動を背景に発展してきたカナダ・オンタリオ州におけるメディア・リテラシー教育の概念と実践の普及過程を，教師教育の視点に注目して検討している。オンタリオ州で行われている教師教育を具体的に紹介するとともに，メディア・リテラシー教育の普及上の課題について考察している。

　このような研究は，わが国の教育や研究にとって，直接参考にできる部分が多い。しかし，国によって状況や目指すものは異なるため，そのままの概念や実践を当てはめることには難しい点もある。あくまでも，わが国の状況に応じたメディア・リテラシーの教育や研究を拡張・発展させるための材料として捉えることが肝要であろう。

（3）認知理論と能力育成に関する研究アプローチ

　主に，教育工学，認知心理学などの領域からアプローチする研究である。例えば，視聴覚教育・放送教育の流れで活発化した映像視聴能力研究や，情報機器を道具として使う能力に焦点を当てた研究などである。

例えば，水越（1981）は映像視聴能力の形成と評価に関する研究を行ってきた。視聴能力を①画像の再認，②順序の再生，③時間（現在と過去）・空間（全体と部分），④段落の読み取り，⑤重要場面の把握，⑥番組主題の把握，⑦展開（筋）の先読み，⑧体制化，再構成，⑨既有経験との関連づけ，⑩イメージ，⑪感情の付加，⑫興味や意欲の喚起に整理し，学校教育の現場において実証的な研究の蓄積がなされてきた。それを受けて，吉田（1985）は，「捉え方」「感じ方」「あらわし方」の3領域から数々の映像視聴能力の育成を目指すカリキュラムを開発してきた。

　また，坂元（1986）の研究グループは，日本のメディア・リテラシー教育に関する研究開発を行ってきた。そこでは，「受け手」「使い手」「作り手」という3つの立場と，育成される3つの能力「メディア特性の理解力（わかる）」「メディア選択・利用能力（つかう）」「メディア構成・制作力（つくる）」の組み合わせから「視聴能力あるいは情報理解」「利用法の理解」「選択利用」「制作法の理解」「組み合わせ制作」「構成制作」という6つの内容が構想された。

　これらは，マスメディアに関する社会文化的な意味構成を問題とするメディア・リテラシーとは別の体系で発展してきた研究アプローチであると言える。しかし，人間の認知・発達の側面から教育の理論化を指向するアプローチと，社会文化的な意味構成を問題とするアプローチは，決して相容れないものではない。むしろ，知見の相互共有が，互いの発展のために特に重要になってくる分野であると言える。

（4）教育実践からの研究アプローチ

　次に，教育実践の取り組みから，メディア・リテラシーに関する知見を得ようとするアプローチがある。日本ではメディア・リテラシー育成は公教育の中に明示されていないが，その重要性を理解する研究者と学校現場が協力し，様々な発想で実験的な実践が蓄積されている。

　具体的には，特に「総合的な学習の時間」や，情報教育に関連する科目の中で実践が行われているケースが多い（例えば，藤川　2000，村野井・三嶋・乾・大野

木　1999 など)。他にも，教科教育として『教育科学　国語教育』(2002 年 1 月 1
日発行 44 巻 1 号, 明治図書) という雑誌では「メディア・リテラシーの授業開発」
という特集が組まれ, 実際に国語科で取り組まれた小学校・中学校での授業開
発事例が紹介されている。また, 社会科でも, 『社会科教育』(2001 年 9 月号 No.
504, 明治図書) の中で「メディアリテラシーの教材＆授業例 35」という特集が
組まれている。特に, 国語科では従来から言語の読み書きを扱ってきただけに
関連する部分は多い。佐藤 (2002) は, 国語科における授業構想, 評価基準の
質と構造を問い直す必要性を強調し, メディア・リテラシーの育成を位置付け
ることによる国語科の批判的改革を提案している。他にも, 由井 (2002) によ
って, 国語でメディア・リテラシーの育成に取り組む意義が主張され, 単元開
発・授業実践について, 多くの教師から報告が行われている。

　こうした研究アプローチから得られる知見は, 理論的なアプローチの知見と
往復させることが重要である。具体事例と抽象概念を往復させ, 相互に裏付け
を行うことで, 妥当性と一般化の可能性をチェックする機能を果たすと考えら
れるからである。また, 現実的な制約によって, 実践を創出する発想の幅を狭
めてしまうことを防ぐ効果もあるだろう。

(5) 情報教育研究からの研究アプローチ

　情報教育の研究は, メディア・リテラシーの育成を研究する流れから受け継
いだ部分をもっている。ただし, 情報教育の研究領域も単純ではなく, 情報処
理教育や技術教育などの側面から影響を受けている部分も多分にある。学校で
はコンピュータの導入とともに情報教育の必要性が叫ばれたこともあり, コン
ピュータの操作技能を身に付けることが情報教育であるとの誤解も生じた。

　堀田 (2003) は, 情報教育の課題として, ①情報手段を経て私たちに到達す
る「情報」には発信者がいて, その発信者の意図があることや, これらが私た
ち人間の認識の枠組みを決定付けていることについての学習指導は不十分であ
る。②情報を発信する側に立つことが多くなる情報社会において, 責任ある情
報発信者であるためには, 情報モラルだけでなく相手を意識して適切に表現す

るための技術をもち合わせる必要があることについても，実践としては立ち現れていない，という点を挙げ，情報教育におけるメディア・リテラシー教育への期待を述べている。

情報教育を行う場としては，例えば高等学校の必修教科「情報」がある。情報教育の目的のひとつには，「情報社会に参画する態度」を育成することがある。現代社会で生活するために求められるのは，コンピュータやネットワークの仕組みを理解して，問題解決に活用できることだけではない。それらをメディアと捉え，社会的な位置付けやコミュニケーションについて学ぶ必要がある。

（6）教師教育に関する研究アプローチ

日本の学校教育で，メディア・リテラシーの教育を普及させるためには，それを教える教師を育てる必要がある。そうした教師教育に関する研究も行われている。

例えば，酒井・八重樫・久松・山内・水越 (2004) はメディア・リテラシーを担当する教師を対象としたオンライン学習環境「Media Teachers Village」の開発と評価を行った。この「Media Teachers Village」とはメディア・リテラシー教育を担当する教師が教師以外の異なる専門性をもつ人々と専門知を共有するシステムである。このシステムを利用した教師からは，ベテランの実践者や他の教師などとのインタラクションを通じて，自らの教育実践にひきつけてメディア・リテラシーを内省していたことが報告されている。

また，木原・堀田・小柳・山内 (2003) は，2 人の教師のライフストーリーを比較し，共通点を整理している。①メディア接触への抑制とそれに対する反動，②モデル実践家の同定と実践哲学等の吸収，③「荒れ」に対する対処からの出発，④充電期間の確保と理論的検討の推進，⑤多様な実践コミュニティへの参加とそれらに対する距離の維持，⑥実践コミュニティの企画・運営，という共通点を報告するとともに，問題への対応方策についてモデル化を行っている。得られた知見は，教師の成長を支援する教師教育に対する示唆に富んでい

る。

　こうした研究は，メディア・リテラシーに関する教育を普及させるために，より一層重要性を増すものである。もちろん，教師が何をどのように学び成長するのか，あるいは，その学びの場をどうデザインするのか，それを検討するに当たり，他の研究アプローチの蓄積を活かすことができることは言うまでもない。

　以上のように，様々なアプローチで行われている研究の蓄積は，相互に関連性があり，新しい視点を与え合う関係にある。どれかひとつのアプローチが，メディア・リテラシーの本質を捉えているということはない。独自の分野で研究を進めていくだけでなく，総合的な見地に立って独自の分野を見直すことが，それぞれの立場におけるメディア・リテラシー研究を発展させる道であると考える。

3. これからの研究課題

　以上のように，メディア・リテラシー研究は，様々な立場・研究アプローチから取り組まれ，数多くの研究成果が蓄積されてきた。これらのことを踏まえ，さらに以下のような研究課題に取り組む必要性について提案したい。

（1）様々な立場の混在と新しいメディア環境への対応

　メディア・リテラシーの中核となる概念については，多様なアプローチから理論的な整理が行われてきている。しかし，その概念は様々な背景のもとで語られてきたがために特定の概念だけが強調されたり，別の文脈で同じ概念が使われたりして混乱も見られる。特に，従来のメディア・リテラシー研究は，主にマスメディア対個人という関係性の中で，情報を批判的に読み解くということが中心的課題となる傾向があった。

　しかし，インターネットが普及した今日では，比較的容易に個人が情報を表

現し，発信し，多様なコミュニケーションを生み出していくことができる。また，携帯電話は，通話機能だけでなくメールやインターネットアクセスが可能となり，大人の目が届きにくい社会的なコミュニケーションへの参加が若年層でも可能となった。時として，「ネットやケータイ」は子どもにとって「唯一の居場所」であり，「自己の鏡」となるほど，なくてはならない存在になっている（香山・森 2004）。そうした現実を受け止めると同時に，その利用によって生じる様々な社会問題への対応もメディア・リテラシー研究として検討していく必要がある。

　さらに，新しいメディアの登場により，既存のメディアの使われ方，コミュニケーションのあり方が変容するということもある。このような複雑化していく新しいメディアによるコミュニケーションのあり方も含めて考えなければ，メディア・リテラシー研究は，時代に即したものとはならない。状況に応じた，新しいメディア・リテラシーについて検討し，メディア・リテラシーの概念がどのように拡張していくかということは，今後も重要な研究課題となるだろう。

（2）教育実践の可能性と一般化についての検討

　まだ，多くの学校ではメディア・リテラシーに関する教育は行われていない。メディア・リテラシーに関心を寄せる一部の教師の間で，学習指導要領の枠組みをはずれない範囲で実験的に行われている状況である。こうした現状を乗り越え，広めていくためには，実践事例のさらなる蓄積・分析と，それらを俯瞰するような研究を継続的に行っていくことが重要である。なぜなら，「何をどうしてどうなったか」という具体的な事例は，メディア・リテラシー教育の必要性や可能性を裏打ちしてくれるし，教育方法を一般化するための道筋となるからである。

　先に述べた通り，メディア・リテラシーの教育実践は，様々な発想で実験的な実践の蓄積がされてきている。しかし，ただ単に教育実践を創出し続けるだけでは十分とは言えない。多様な実践を類型化して捉え，批判的に検討を加え

ながら実践をデザインする際の工夫や指導上の留意点を抽出し，さらに実践へ返していく営みが重要になる。つまり，実践的な研究アプローチと理論的な研究アプローチとを交流・循環させ相乗効果を狙うことが，生産的な研究の方向性であると考える。

（3）表現能力に関する実践研究の必要性

これまでのメディア・リテラシーに関する研究においては，マスメディア分析による情報のクリティカルな読み解きや映像視聴能力の研究が蓄積されてきたのに比べ，表現能力を積極的に取り扱った研究は数が少なかった。メディア作品の制作を行う事例は数多く見られるが，メディア・リテラシーの教育としては，メディアが構成されていることを知り，情報を読み解くことができることを目指して制作活動に取り組む実践が多い。

かつて，成城学園初等学校における映像教育（大森 1991）など，制作を重視した実践事例はいくらか見られた。ただし，当時は，今ほどメディア機器が普及しておらず，学校教育において取り組む必然性が乏しかったため，根付かなかった。同時に，メディアを用いた個人の「表現能力」自体が積極的な研究対象とならなかった。

しかし，その当時から今日のメディア環境は激変し，メディアを介して視聴覚に訴えかけるコミュニケーションは日常的なものになってきている。そのため，メディアを用いた「表現能力」を育成する重要性が高まっている。実際に，個人がメディアを用いて情報発信・表現を行う教育実践は，少しずつ見受けられるようになってきた。ただし，経験に基づく試行的な指導が繰り返されているのが現状である。そのため，制作を行うための機器操作技能を身に付けること自体が目的となっている実践や，とにかく制作して作品が完成したらそれなりの力がついたとするのみの実践は少なくない。

それは，事例の蓄積に対して，まだ研究が十分に行われていないことに問題があると考えられる。実践を通じて学習者が何をどのように学ぶことができているか詳細に研究したものは少なく，実践に応用できるような理論的知見の蓄

積には至っていない。表現能力の育成を目指す学習指導・支援を行うためには，実践を通じた学習者の学びを詳細に分析する研究を展開していく必要があるだろう。

　以上，先行研究の概観を踏まえた上で，これからの研究課題を提案した。もちろん，これらは重点課題として提案するものであり，それ以外にも，メディア・リテラシーに関わる研究課題は，多様な切り口から，展望できることは言うまでもない。複合的な概念と多様な研究アプローチが相互によい影響を与え合う中で，総合的にメディア・リテラシーの研究と教育が発展していくことが期待される。

本書に関する原著論文等

　本書は，以下に示す学術論文，図書，雑誌，口頭発表など，著者が各所で発表・刊行してきたものをもとに大幅に加筆・修正し，新しい内容を加えたものである．

◎学 術 論 文
中橋　雄（2020）AI 技術に関する資質・能力とメディア・リテラシー．公益財団法人日本
　　教材文化研究財団　研究紀要 49 pp. 98-104

中橋　雄・稲垣　忠・岡本恭介（2013）「共通教科「情報」におけるメディア教育用デジタ
　　ル教材の開発」『日本教育工学会論文誌』36（suppl.）pp. 17-20

中橋　雄・盛岡　浩・前田康裕（2008）「メディア制作の授業設計・指導方法を視覚的に提
　　示した教師用教材の開発」『日本教育工学会論文誌』32（suppl.）pp. 21-24

中橋　雄（2006）「日本におけるメディア・リテラシー研究の概観とこれからの研究課題」
　　『教育メディア研究』12（1）pp. 71-85

中橋　雄（2005）「ディジタルメディア表現能力の育成過程に関する質的研究〜メディア・
　　リテラシー研究の重点課題として〜」『日本教育工学会論文誌』29（2）pp. 119-131

中橋　雄（2005）「メディア・リテラシー研究の動向と課題」『福山大学人間文化学部紀要』
　　第 5 巻 pp. 129-148

中橋　雄（2004）「メディア・リテラシー育成に関する研究—ディジタルメディア表現への
　　アプローチ—」関西大学博士論文　学位：博士（情報学）

中橋　雄・水越敏行（2003）「メディア・リテラシーの構成要素と実践事例分析」『日本教育
　　工学会論文誌』27（suppl.）pp. 41-44

◎図　　書
苑　復傑・中川 一史（2020）『情報化社会におけるメディア教育』放送大学教育振興会
　　中橋　雄「10 回　　メディア教育で育むメディア・リテラシー」
　　中橋　雄「11 回　　メディア教育の歴史的展開」

　　　中橋　雄「12 回　　メディア教育の内容と方法」
　　　中橋　雄「13 回　　知識・能力を活用する学力とメディア教育」
　　　中橋　雄「14 回　　メディア教育を支援する教材とガイド」
　　　中橋　雄「15 回　　ソーシャルメディア時代のメディア教育」

苑　復傑・中川　一史（編）（2014）『情報化社会と教育』放送大学教育振興会
　　　中橋　雄「11 回　メディア・リテラシーの概要」
　　　中橋　雄「12 回　メディア教育の歴史的展開」
　　　中橋　雄「13 回　メディア教育の内容と方法」
　　　中橋　雄「14 回　学校教育におけるメディア教育」

中橋　雄「15 回　メディア教育を支援する教材とガイド」

中川一史（監）（2013）『ICT で伝えるチカラ 50 の事例』フォーラム・A（共著）
　　　中橋　雄「伝えるチカラとメディア・リテラシー」

山下玲子（編）・戸田桂太・小玉美意子（監）（2013）『ユーザーからのテレビ通信簿』学文社
　　　（共著）
　　　中橋　雄「第 4 章　文化振興としてのメディア・リテラシーとテレビ番組評価」

中橋　雄・松本恭幸（編）（2013）『メディアプロデュースの世界』北樹出版（共著）
　　　中橋　雄「第 1 章　メディアプロデュースのためのメディアリテラシー」

水越敏行・久保田賢一（編）（2008）『ICT 教育のデザイン』日本文教出版（共著）
　　　水越敏行・中橋　雄「第 9 章　教科と総合学習におけるメディアの役割」

久保田賢一（編）（2008）『映像メディアのつくり方―情報発信者のための制作ワークブック
　　　―』北大路書房（共著）
　　　中橋　雄「2 章　メディアの種類と特性」

水越敏行・生田孝至（編）（2005）『これからの情報とメディアの教育― ICT 教育の最前線』
　　　図書文化社（共著）
　　　中橋　雄「10 章メディア・リテラシー―実践事例の分析」

◎雑誌・季刊誌等

中橋　雄（2012）「【特集】ICT のエネルギーが社会をつなぐ」『情報誌 CEL』（Vol. 102）大阪ガス（株）エネルギー文化研究所，pp. 34-37

中橋　雄（2012）「ICT 時代のメディア・リテラシー」『ECS たより』（No. 58）日本教育情報機器株式会社，p. 1

中橋　雄（2012）「学校教育でメディア・リテラシーをどう育むか〈後編〉」『キューブランド』（no. 50）スズキ教育ソフト，pp. 23-24

中橋　雄（2011）「学校教育でメディア・リテラシーをどう育むか〈前編〉」『キューブランド』（no. 49）スズキ教育ソフト，pp. 23-24

原　克彦・中橋　雄（2011）「対談：高度情報化社会に生きる力を　学校教育で育むメディアリテラシー」『学校と ICT』（2011 年 10 月号）Sky 株式会社，pp. 2-7

中橋　雄（2010）「メディアの広場：メディア・リテラシーと視聴覚教育」『視聴覚教育』（2010 年 1 月号）財団法人日本視聴覚教育協会，pp. 30-31

中橋　雄（2009）「総説：社会的コミュニケーションとしての言語活動―メディア表現学習の可能性―」『学習情報研究』（2009 年 5 月号）学習ソフトウェア情報研究センター，pp. 38-39

中橋　雄（2009）「新学習指導要領・「社会と情報」における「メディアの意味」をどう捉えるか」『ICT・Education』（No. 41）ICTE, pp. 1-5

中橋　雄（2008）「新しい教育課程で取り入れたいメディア教育の学習活動」『IMETS』（第 38 巻 第 2 号 通巻 166 号）財団法人才能開発教育研究財団 教育工学研究協議会，pp. 36-40

◎学会口頭発表論文集

中橋　雄・山中昭岳・稲垣　忠（2012）「失敗例から学ぶメディア教育用教材の開発」『日本教育工学研究会報告集』pp. 45-50

中橋　雄（2011）「メディアの意味を学ぶデジタル教材の開発」『日本教育工学会第 27 回全国大会講演論文集』pp. 593-594

中橋　雄（2010）「情報社会におけるメディア・リテラシー教育用教材の開発」『第 17 回日本教育メディア学会年次大会大会論文集』pp. 67-68

中橋　雄（2009）「メディア・リテラシー教育用リソースガイドと連動した SNS」『日本教育工学会第 25 回全国大会講演論文集』pp. 195-196

中橋　雄・中川一史・奥泉　香（2009）「メディア・リテラシー教育を阻害してきた要因に関する調査」『第 16 回日本教育メディア学会年次大会大会論文集』pp. 123-124

中橋　雄・盛岡　浩・前田康裕（2008）「メディア・リテラシー教育の指導方法を学び合う SNS の構築」『第 15 回日本教育メディア学会年次大会大会論文集』pp. 8-9

Yu NAKAHASHI, Hiroshi MORIOKA, Yasuhiro MAEDA, Toshiyuki MIZUKOSHI（2008）"Development of a Web-based Teacher's Guide for Media Literacy Education" International Conference for Media in Education 2008, pp. 326-331

中橋　雄・盛岡　浩・前田康裕（2007）「教育方法と内容を視覚化したメディア・リテラシー教育用リソースガイドの開発」『日本教育工学会第 23 回大会論文集』pp. 681-682

中橋　雄・八重樫　文・三宅正太郎・水越敏行（2005）「情報モラル教育のスコープとシークエンス：メディア・リテラシー教育が果たす役割」『日本教育工学会第 21 回大会論文集』pp. 85-88

中橋　雄（2004）「ディジタルメディア表現能力を育む学習環境の開発」『日本教育工学会第 20 回大会』pp. 407-408

中橋　雄（2003）「ディジタルメディア表現に関するメディア・リテラシー」『日本教育工学会第 19 回大会』pp. 247-248

中橋　雄・池田　明（2003）「情報発信・表現に関するメディア・リテラシー教育実践」『日本教育メディア学会研究会論集　第 11 号』pp. 1-8

水越敏行・中橋　雄（2002）「新しい学力としてのメディア・リテラシー～その研究と実践を
　　どう進めるか～」『日本教育工学会第18回大会』pp. 97-100

◎研 究 助 成

本書に掲載されている研究のいくつかは，以下の研究助成を受けて行われた．

2013-2016年度「ソーシャルメディア時代のメディア・リテラシー教育を実現するカリキュ
　　ラム開発」文部科学省　科学研究費補助金　基盤研究（B）（課題番号：25282062）研究
　　代表者　中橋　雄（武蔵大学）

2012年度「『集めてまとめる』情報活用を支援するデジタル教材と授業モデルの開発」公益
　　財団法人パナソニック教育財団　平成24年度 先導的実践研究助成　研究代表者　稲垣
　　忠（東北学院大学）

2011年度「『つくって伝える』学びの質的向上を目指したルーブリック連動型 Web 教材の
　　開発」公益財団法人パナソニック教育財団　平成23年度 先導的実践研究助成　研究代
　　表者　稲垣　忠（東北学院大学）

2010年度「映像の理解・表現に関するメディアリテラシー教育教材の開発」公益財団法人パ
　　ナソニック教育財団　平成22年度 先導的実践研究助成　研究代表者　中橋　雄（武蔵
　　大学）

2008-2009年度「メディア・リテラシー教育用リソースガイドの拡充と実践コミュニティサ
　　イトの構築」文部科学省　科学研究費補助金　若手研究（B）（研究課題番号：
　　20700653）研究代表者　中橋　雄（武蔵大学）

2006-2007年度「初等教育におけるメディア・リテラシー教育用リソース及びリソースガイ
　　ドの開発」文部科学省　科学研究費補助金　基盤研究（B）（研究課題番号：18300297）
　　研究代表者　三宅正太郎（福山大学）

以上

引用文献・参考文献 （URLは，2014年3月確認）

Boorstin, D.（1962）*The Image; or, What Happened to the American Dream.* Atheneum.（星野郁美，後藤和彦（訳）（1964）『幻影（イメジ）の時代—マスコミが製造する事実』東京創元社）

Buckingham, D.（2003）*Media Education: Literacy, Learning and Contemporary Culture.* Polity.（鈴木みどり（監訳）（2006）『メディア・リテラシー教育—学びと現代文化』世界思想社）

ダンカン，B.，アンダーセン，N.，ブンジャンテ，J.（2003）「カナダにおけるメディア・リテラシーのデザイン（訳・解題：坂田邦子）」水越　伸・吉見俊哉（編）『メディア・プラクティス—媒体を創って世界を変える』せりか書房

藤井玲子（2007）「市民教育としてのメディア・リテラシー　—イギリスの中等教育における学びを手がかりに—」『立命館産業社会論集』42（4）

藤川大祐（2000）『メディアリテラシー教育の実践事例集—情報学習の新展開』学事出版

藤代裕之（2017）『ネットメディア覇権戦争〜偽ニュースはなぜ生まれたか』光文社

福長秀彦（2019）「SNS時代の誤情報・虚偽情報とマスメディアの打ち消し報道〜留意すべき事柄を考える〜」『放送研究と調査』2019年8月号

畑村洋太郎（2000）『失敗学のすすめ』講談社

堀田龍也（2003）「情報教育の立場から見たメディア・リテラシー教育の可能性」『日本教育方法学会第39回大会発表要旨』p. 126

市川克美（1997）「メディアリテラシーの歴史的系譜」メディアリテラシー研究会（編）『メディアリテラシー：メディアと市民をつなぐ回路』日本放送労働組合

稲垣　忠・遠藤麻由美・亀井美穂子・寺嶋浩介・中橋　雄（2011）「児童のメディア制作を対象としたルーブリック型教材の開発とタブレット端末による学習支援の試み」『第37回全日本教育工学研究協議会全国大会研究論文集』9-08（4p）

株式会社博報堂DYメディアパートナーズ　メディア環境研究所（2020）「メディア定点観測2020」

香山リカ・森　健（2004）『ネット王子とケータイ姫　悲劇を防ぐための知恵』中央公論新社

KERHOKESKUS（2011）『メディアスキル　基礎教育における学習段階』pp. 28-29

木原俊行・山口好和（1996）「メディア・リテラシー育成の実践事例」水越敏行・佐伯胖編『変わるメディアと教育のあり方』ミネルヴァ書房

木原俊行・堀田龍也・山内祐平・小柳和喜雄（2003）「メディア・リテラシー育成の実践を

　　発展させるための方策―二人の教師のライフストーリーの比較から―」『日本教育メディア学会第 10 回大会発表論文集』pp. 54-55

小平さち子（2012）「メディア・リテラシー教育をめぐるヨーロッパの最新動向」『放送研究と調査』（Celot, P.（Ed.）（2009）Study Assessment Criteria for Media Literacy levels）

国立教育政策研究所　教育課程研究センター「全国学力・学習状況調査調査問題・解説資料等について」http://www.nier.go.jp/kaihatsu/zenkokugakuryoku.html

Kupiainen, R., Sintonen, S. &Suoranta, J.（2010）*Decades of Finnish media education*. Finnish Society on Media Education

旧郵政省（2000）「放送分野における青少年とメディア・リテラシーに関する調査研究会報告書」http://www.soumu.go.jp/main_sosiki/joho_tsusin/top/hoso/pdf/houkokusyo.pdf

前田康裕（2008）「伝えよう！　学校のいいところ―デジタルカメラでスライドショーを作成する―」中川一史・北川久一・佐藤幸江・前田康裕（編）『メディアで創造する力を育む―確かな学力から豊かな学力へ』ぎょうせい

マクルーハン，M.（1987）『メディア論―人間の拡張の諸相』栗原裕・河本仲聖（訳），みすず書房

Masterman, L.（1985）*Teaching the Media*. Routledge.（宮崎寿子（訳）（2010）『メディアを教える―クリティカルなアプローチへ』世界思想社）

Masterman, L.（1995）Media Education: Eighteen Basic Principles. *MEDIACY* 17（3），Association for Media Literacy（宮崎寿子・鈴木みどり（訳）（1997）資料編　レン・マスターマン「メディアリテラシーの 18 の基本原則」．鈴木みどり編，メディア・リテラシーを学ぶ人のために．世界思想社，京都）

Meyrowitz, J.（1998）Multiple Media Literacies. *Journal of Communication* 48（1）pp. 96-108

三村忠史・倉又俊夫・NHK「デジタルネイティブ」取材班（2009）『デジタルネイティブ―次代を変える若者たちの肖像（生活人新書）』日本放送出版協会

水越　伸（1999）『デジタルメディア社会』岩波書店

水越敏行（1974）『発見学習の展開』明治図書

水越敏行（1981）『視聴能力の形成と評価―新しい学力づくりへの提言―』日本放送教育協会

水越敏行（2002）「メディアリテラシーは多面体である」『教育科学国語教育』（1 月号）明治図書，pp. 8-10

水野博介（1998）『メディア・コミュニケーションの理論―構造と機能―』学文社

文部科学省（2002）「情報教育の実践と学校の情報化　～新『情報教育に関する手引』～」http://www.mext.go.jp/a_menu/shotou/zyouhou/020706.htm

文部科学省（2005）「読解力向上プログラム」http://www.mext.go.jp/a_menu/shotou/

gakuryoku/siryo/05122201/014/005.htm

文部科学省（2007）「全国学力・学習状況調査の概要」http://www.mext.go.jp/a_menu/
　　shotou/gakuryoku-chousa/zenkoku/07032809.htm

文部科学省（2017）『小学校学習指導要領（平成29年告示）解説　総則編』平成29年7月

文部科学省（2020）『教育の情報化に関する手引（追補版）』令和2年6月

本橋春紀（2009）「日本におけるメディアリテラシーの展開」水越　伸・東京大学情報学環
　　メルプロジェクト（編）『メディアリテラシー・ワークショップ　情報社会を学ぶ・遊
　　ぶ・表現する』東京大学出版会

村川雅弘（1985）「映像教育の広がり」吉田貞介（編）『映像時代の教育―そのカリキュラム
　　と実践―』日本放送教育協会

村野井　均・三嶋博之・乾　昭治・大野木裕明（1999）『学校と地域で育てるメディアリテ
　　ラシー』ナカニシヤ出版

中橋　雄・水越敏行（2003）「メディア・リテラシーの構成要素と実践事例分析」『日本教育
　　工学会論文誌』27（suppl.）pp. 41-44

中橋　雄（2005）「メディア・リテラシー――実践事例の分析」水越敏行・生田孝至（編）『こ
　　れからの情報とメディアの教育― ICT教育の最前線』図書文化社

中橋　雄・盛岡　浩・前田康裕（2008）「メディア制作の授業設計・指導方法を視覚的に提
　　示した教師用教材の開発」『日本教育工学会論文誌』32（suppl.）pp. 21-24

中橋　雄・中川一史・奥泉　香（2009）「メディア・リテラシー教育を阻害してきた要因に
　　関する調査」『第16回日本教育メディア学会年次大会大会論文集』pp. 123-124

中橋　雄・山中昭岳・稲垣　忠（2012）「失敗例から学ぶメディア教育用教材の開発」『日本
　　教育工学会研究会報告集』JSET2012（2）pp. 45-50

中橋　雄（2013）「メディアプロデュースのためのメディアリテラシー」中橋　雄・松本恭
　　之（編）『メディアプロデュースの世界』北樹出版

中橋　雄・稲垣　忠・岡本恭介（2013）「共通教科『情報』におけるメディア教育用デジタ
　　ル教材の開発」『日本教育工学会論文誌』36（suppl.）pp. 17-20

中山玄三（1993）『リテラシーの教育』近代文藝社

日刊工業新聞（2018）「【電子版】グーグル，「Googleニュース」にAI導入　人工知能が好
　　みの情報収集」2018年5月9日 https://www.nikkan.co.jp/articles/view/00472552

岡本弘之・浅井和行（2013）「『不適切な投稿』問題から考える情報発信の授業」『第20回日
　　本教育メディア学会年次大会発表論文集』pp. 77-78

岡本敏雄（編）（2000）『インターネット時代の教育情報工学1』森北出版

大森哲夫（1991）『人間的映像の教育』阿部出版

Ontario Ministry of Education（1989）*Media Literacy Resource Guide*. Ministry of Education,

Toronto（FCT（訳）（1992）『メディア・リテラシー――マスメディアを読み解く』リベルタ出版）

大田　堯（1990）『学力とはなにか』国土社

小柳和喜雄・山内祐平・木原俊行・堀田龍也（2002）「英国メディア教育の枠組みに関する教育学的検討――メディア・リテラシーの教育学的系譜の解明を目指して――」『教育方法学研究』28, pp. 199-210.

パリサー, I.（2016）『フィルターバブル』早川書房（井口耕二　訳）

佐伯　胖・苅宿俊文・佐藤　学・NHK取材班（1993）『教室にやってきた未来――コンピュータ学習実践記録』日本放送出版協会

酒井俊典・八重樫　文・久松慎一・山内祐平・水越　伸（2004）「教師のメディア・リテラシー学習を支援するオンライン学習環境―― Media Teachers Village の開発と評価――」『日本教育工学会第20回全国大会講演論文集』pp. 405-407

坂元　昂（1986）「メディアリテラシー」後藤和彦・坂元　昂・高桑康雄・平沢　茂（編）『メディア教育のすすめ――メディア教育を拓く』ぎょうせい

佐藤洋一（2002）『実践・国語科から展開するメディア・リテラシー教育』明治図書

澤野由紀子（2004）「発展するメディア・リテラシー教育――グローバルな視点から――」国立教育政策研究所（編）『メディア・リテラシーへの招待――生涯学習社会を生きる力』東洋館出版社

首相官邸IT戦略本部（2001）「e-Japan戦略（要旨）（平成13年1月22日）」http://www.kantei.go.jp/jp/it/network/dai1/0122summary_j.html

総務省「ICTメディアリテラシーの育成」http://www.soumu.go.jp/main_sosiki/joho_tsusin/kyouiku_joho-ka/media_literacy.html

総務省「放送分野におけるメディア・リテラシーの調査研究と教材開発」http://www.soumu.go.jp/main_sosiki/joho_tsusin/top/hoso/kyouzai.html

菅谷明子（2000）『メディア・リテラシー――世界の現場から――』岩波書店

鈴木みどり（編）（1997）『メディア・リテラシーを学ぶ人のために』世界思想社

鈴木みどり（編）（2001）『メディア・リテラシーの現在と未来』世界思想社, 京都

竹内郁郎・児島和人・橋本良明（1998）『メディア・コミュニケーション論』北樹出版

田中博之（1999）『マルチメディアリテラシー――総合表現力を育てる情報教育』日本放送教育協会

東京大学情報学環メルプロジェクト・社団法人民間放送連盟（編）『メディアリテラシーの道具箱　テレビを見る・つくる・読む』東京大学出版会

津田大介・日比嘉高（2017）『ポスト真実の時代』祥伝社

上杉嘉見（2002）「カナダ・オンタリオ州におけるメディア・リテラシーの教師教育」『教育

　　方法学研究』28．pp. 187-197

上杉嘉見（2008）『カナダのメディア・リテラシー教育』明石書店

渡辺武達（1997）『メディア・リテラシー――情報を正しく読み解くための知恵』ダイヤモンド社

山川　拓・浅井和行・中橋　雄（2012）「『メディア・コミュニケーション科』の開発（2）」『第18回日本教育メディア学会年次大会発表論文集』pp. 3-4

山内祐平（2003）『デジタル社会のリテラシー――「学びのコミュニティをデザインする」』岩波書店

吉田貞介（1985）『映像時代の教育――そのカリキュラムと実践――』日本放送教育協会

由井はるみ（2002）『国語科でできるメディアリテラシー学習』明治図書

吉見俊哉・水越　伸（1997）『メディア論』放送大学教育振興会

事 項 索 引

人 名 索 引

著者紹介

中橋　雄（なかはし　ゆう）

　1975年　生まれ
　2004年　関西大学大学院総合情報学研究科博士課程後期課程修了
　博士（情報学）
　現在武蔵大学社会学部教授
　主著：『メディア・リテラシーの教育論――知の継承と探求への誘
　　　　い』北大路書房，2021年（編著），『メディア・リテラシー教
　　　　育――ソーシャルメディア時代の実践と学び』北樹出版，
　　　　2017（編著），『メディアプロデュースの世界』北樹出版，
　　　　2013年（共編著）ほか

【改訂版】
メディア・リテラシー論――ソーシャルメディア時代のメディア教育

2014年4月10日　初版第1刷発行
2017年4月20日　初版第3刷発行
2021年3月25日　改訂版第1刷発行

著　者　中橋　　雄

発行者　木村　慎也

印刷・製本　シナノ印刷

発行所　株式会社 北樹出版

〒153-0061　東京都目黒区中目黒1-2-6
URL：http://www.hokuju.jp
電話(03)3715-1525(代表)　FAX(03)5720-1488

Ⓒ 2021, Printed in Japan　　　ISBN 978-4-7793-0656-3

（落丁・乱丁の場合はお取り替えします）